さまざまな架構技術がつくる建築のシルエット

初期の木造施設

草葺の屋根

初期の木造施設は例外なく掘立柱に桁や梁を架け、屋根に植物性葺材を用いた。壁は板材を用いる、植物材料を編む、小枝を編んで土壁を塗るなどさまざまな工夫が行われた（→P. 92）

木造の屋根倉

迫り出し構法と住居の諸相

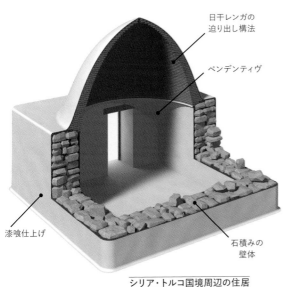

日干レンガの
迫り出し構法

ペンデンティヴ

漆喰仕上げ

石積みの
壁体

シリア・トルコ国境周辺の住居

迫り出し構法の住居は地中海周辺に点在し、近東ではトルコとシリアの国境を挟んだ地域に分布している。南イタリアではアルベルベッロの住居群にみられる。この構法はトルコ軍が駐留した11世紀以後に成立した。円錐の屋根は厚さの異なる石材を用いて二重に積む。またシリアの住居とともに、一部にアーチ構法が混在している様相もみられる（→P. 36）

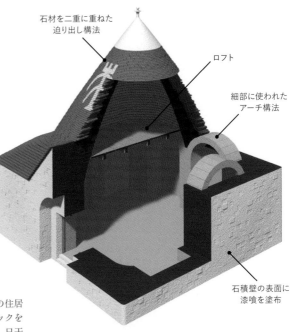

石材を二重に重ねた
迫り出し構法

ロフト

細部に使われた
アーチ構法

石積壁の表面に
漆喰を塗布

南イタリアの住居

ソッド
（芝生ブロック）の
迫り出し構法

ボリビア・チパヤ族の住居は芝生様の植物ブロックを切り出して乾燥させ、日干レンガと同じように扱う

円形の平面

ボリビアの住居

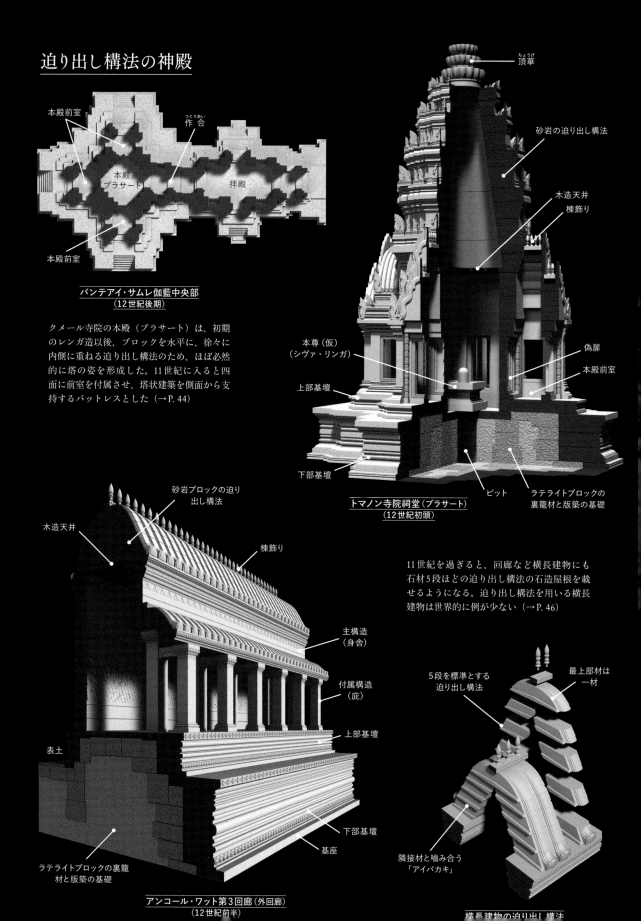

迫り出し構法の神殿

バンテアイ・サムレ伽藍中央部
（12世紀後期）

本殿前室

作合 （つくりあい）

本殿（プラサート）

拝殿

本殿前室

クメール寺院の本殿（プラサート）は、初期のレンガ造以後、ブロックを水平に、徐々に内側に重ねる迫り出し構法のため、ほぼ必然的に塔の姿を形成した。11世紀に入ると四面に前室を付属させ、塔状建築を側面から支持するバットレスとした（→P.44）

トマノン寺院祠堂（プラサート）
（12世紀初頭）

頂華 （ちょうげ）

砂岩の迫り出し構法

木造天井
棟飾り

本尊（仮）
（シヴァ・リンガ）

上部基壇

下部基壇

偽扉

本殿前室

ピット

ラテライトブロックの裏籠材と版築の基礎

11世紀を過ぎると、回廊など横長建物にも石材5段ほどの迫り出し構法の石造屋根を載せるようになる。迫り出し構法を用いる横長建物は世界的に例が少ない（→P.46）

砂岩ブロックの迫り出し構法

木造天井

棟飾り

主構造
（身舎）

付属構造
（庇）

上部基壇

表土

下部基壇

基座

ラテライトブロックの裏籠材と版築の基礎

アンコール・ワット第3回廊（外回廊）
（12世紀前半）

5段を標準とする迫り出し構法

最上部材は一材

隣接材と噛み合う「アイバカキ」

横長建物の迫り出し構法

半球ドームの工夫

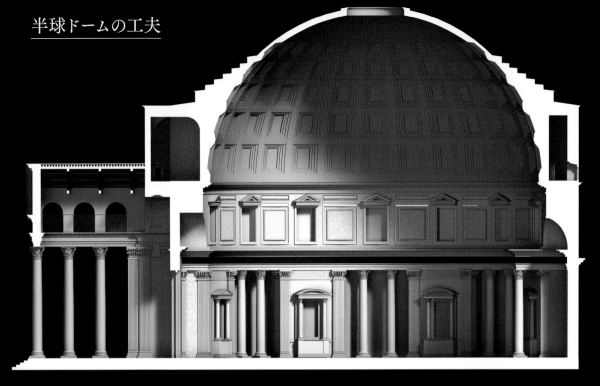

パンテオン
（118〜128年）

パンテオンは半球ドームを載せた古代ローマの代表的な建築である。レンガ造のアーチを連ねて半球状の骨格をつくり、軽量コンクリートを用いて被覆し大ドームを構築した。半球ドームを載せるため躯体は円形の平面を持っている。コンクリート構造を巧妙に工夫する一方、前方に接続したポーチには木造架構の小屋組を残している（→P. 64）

ハギア・ソフィア大聖堂は東ローマ帝国を代表する建築。四隅にペンデンティヴを設けることで、正方形平面上に巨大な半球ドームを載せる。円形平面に制約されたパンテオンから前進がみられる。この巨大ドームを支持するため、前後では四半球のドームを連ね、両側面には巨大なバットレスを施設している（→P. 66）

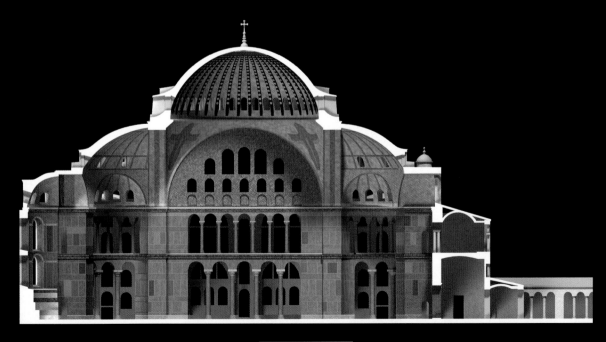

ハギア・ソフィア大聖堂
（537年）

石造ヴォールトの展開

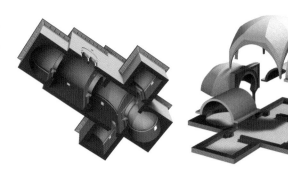

山脈南麓に建つプレ・ロマネスク教会堂では、十字形平面にトンネル・ヴォールトや稜を持つ多角形ドームなど、多様な形状のヴォールトを架ける例がある。これらの架構は小規模な教会堂のため可能であった（→P.72）

サン・チャゴ・デ・ペニャルヴァ教会堂のさまざまなヴォールト
（プレ・ロマネスク）

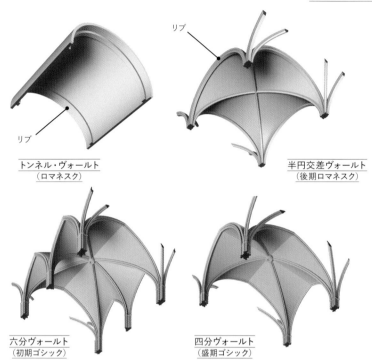

リブ

リブ

トンネル・ヴォールト
（ロマネスク）

半円交差ヴォールト
（後期ロマネスク）

ロマネスクの時代の教会堂は、前時代のスペインの教会堂より大規模な教会堂に石造トンネル・ヴォールトを架ける。そして後期には半円交差ヴォールトを架け、高窓（クリアストーリィ）を大きく設けることを可能にした（→P.74）

六分ヴォールト
（初期ゴシック）

四分ヴォールト
（盛期ゴシック）

ロマネスクの交差ヴォールトは、初期ゴシックの時代に「六分ヴォールト」に移行した。半円交差ヴォールトの構造単位となる正方形平面をもとに、尖頭アーチのヴォールトを架けたためである。しかしこの試みは早い時期に「四分ヴォールト」に整理されていった（→P.78）

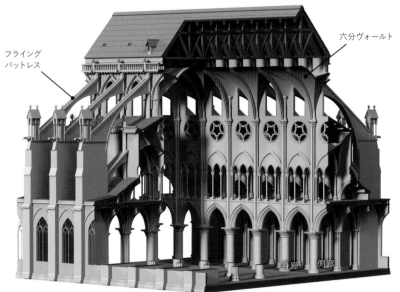

フライング
バットレス

六分ヴォールト

身廊　側廊

ノートルダム大聖堂
（盛期ゴシック）

六分ヴォールトは構造の単位を6本の柱とヴォールトで構成する。一方、のちの四分ヴォールトの架構は4本の柱で構成される。前時代の半円交差ヴォールトと似た構成だが、半円交差ヴォールトが直径を一辺とする正方形平面を構造単位とすることに対し、四分ヴォールトは高さと幅の関係が自由な尖頭アーチを用いて横長矩形の平面を構成した（→P.84）

草葺の住居から木造神殿へ

アプシダルハウス（ギリシアの住居）
前1000年頃

草葺

馬蹄形の平面

日干レンガの壁

草葺

後部を半円形とする
馬蹄形の平面

周柱（掘立柱）

日干レンガの壁

前950年頃に造営されたヘロオン
（英雄廟）は、現在でも謎の多い
遺跡。J.J.クールトンは発掘資料
から周柱をめぐらせた廟墓（神殿）
と考えている（→P. 126）

ヘロオン（英雄廟）
前950年頃

ギリシア神殿は前7世紀の早い時
期から瓦を葺くようになる。瓦の
荷重は躯体に甚大な影響を与え、
柱頭の発明などさまざまな工夫を
喚起した（→P. 118）

切妻屋根

瓦葺

石造壁

木造の添柱

木造の周柱
（礎石柱）

背面の屋根は
寄棟造

棟瓦
ridge tile

桟瓦
combination tile

隅瓦
hip tile

軒平瓦
pan tile

軒丸瓦
cover tile

ポセイドン神殿（イストミア）
前7世紀前半＊

アポロ神殿の瓦（コリント）
前7世紀中頃

＊上記の木造時代のポセイドン神殿は、下記文献に記載された資料および各部の検討にもとづいて考察した筆者による復原案。

Elizabeth R. Gebhard, "The Archaic Temple at Isthmia: Techniques of Construction", *Excavations at Isthmia*, University of Chicago, 2001.

Oscar Broneer, "Temple of Poseidon", *ISTHMIA*, volume I, American School of Classical Studies at Athens, 1971.

Philip Sapirstein, How the Corinthians Manufactured Their First Roof Tiles, HESPERIA, vol.78, No.2, American School of Classical Studies at Athens, 2009.

石造神殿への発展

前5世紀のパルテノン神殿は石造神殿の代表例だが、小屋組と一部の桁などに木造部材が残された。木造時代に後方を寄棟としていた屋根形式は前後とも切妻屋根となって瓦形式が整理されている（→P. 128）

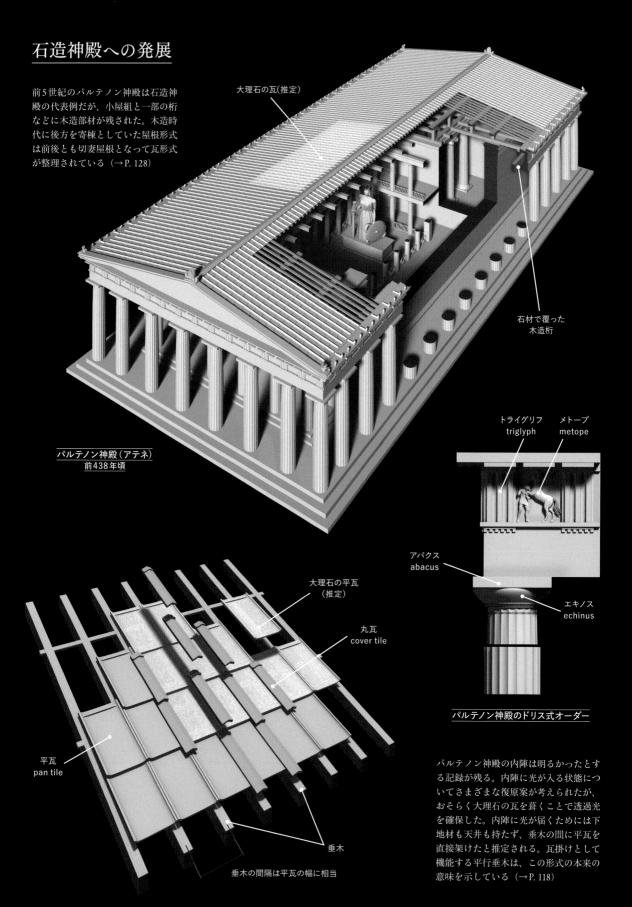

大理石の瓦（推定）

石材で覆った木造桁

パルテノン神殿（アテネ）
前438年頃

トライグリフ
triglyph

メトープ
metope

アバクス
abacus

エキノス
echinus

パルテノン神殿のドリス式オーダー

大理石の平瓦（推定）

丸瓦
cover tile

平瓦
pan tile

垂木

垂木の間隔は平瓦の幅に相当

パルテノン神殿の内陣は明るかったとする記録が残る。内陣に光が入る状態についてさまざまな復原案が考えられたが、おそらく大理石の瓦を葺くことで透過光を確保した。内陣に光が届くためには下地材も天井も持たず、垂木の間に平瓦を直接架けたと推定される。瓦掛けとして機能する平行垂木は、この形式の本来の意味を示している（→P. 118）

恒久化をめざす木造建築

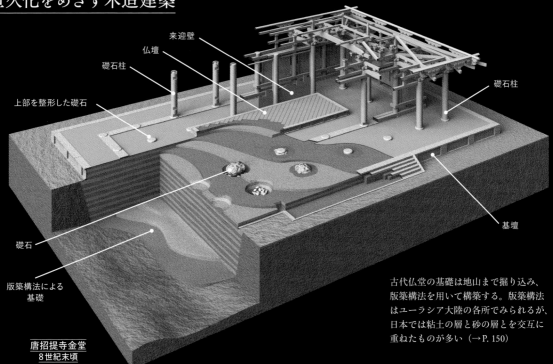

来迎壁

仏壇

礎石柱

上部を整形した礎石

礎石柱

礎石

基壇

版築構法による
基礎

唐招提寺金堂
8世紀末頃

古代仏堂の基礎は地山まで掘り込み、
版築構法を用いて構築する。版築構法
はユーラシア大陸の各所でみられるが、
日本では粘土の層と砂の層とを交互に
重ねたものが多い（→P. 150）

東アジアの建築を特徴づける組物は初
期の様子を伝える遺構が限られるが、
石造で構築した山東省の地下墓に初期
組物を模した装置が残されている。当
初の組物が双斗の姿をとり、中央に束
を加える場合もあったことがわかる。
のちに三斗を標準とする組物は、双斗
から出発したものだった（→P. 140）

山東省貴族墓
2世紀

中央に束を加えた双斗

双斗

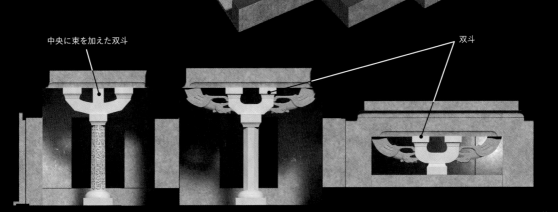

組物の展開

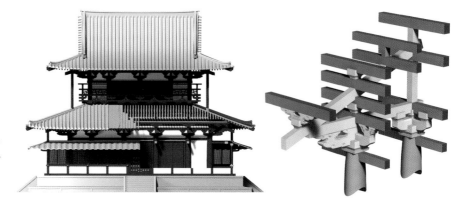

法隆寺金堂と飛鳥様式の組物
（670〜680年頃）

飛鳥様式の組物は、装飾はともかく組物として素朴である。とくに隅行きに限定する隅組物の構成にアイデアの素朴さが現れている（→P. 146）

平等院鳳凰堂と和様の組物
（天喜元年、1053）

古代和様の組物は飛鳥様式に比べて一段と発達している。隅組物は三方に延び、三手先尾垂木付組物の形式が確立した（→P. 148）

浄土寺浄土堂と大仏様の組物
（建久3年、1192）

大仏様組物は他の様式の組物とは異なり、柱に直接肘木を差し込む挿肘木を持つ。さらに浄土寺浄土堂では、中備に遊離尾垂木を用いて丸桁の支持点を増やす工夫もみられる（→P.144）

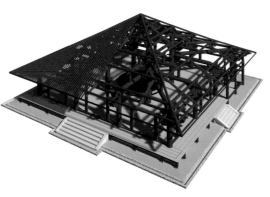

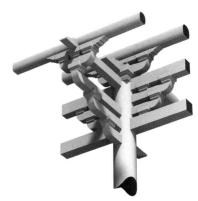

正福寺地蔵堂と禅宗様組物
（応永14年、1407）

禅宗様組物は柱上と中備に組物を載せ丸桁の支持点を増やしている。組物は形骸化しつつも2本の尾垂木を持ち、丸桁位置を梯出させながら低く抑える工夫がみられる（→P. 146）

図解

溝口明則

建築の技術と意匠の歴史

彰国社

デザイン＝水野哲也（watermark）

さまざまな問題、
解明をおこなう研究、
原理的洞察は、
いかなる場合も歴史的^{historisch}なのである。

エドムンド・フッサール『幾何学の起源』
（田島節夫他訳、青土社、1976年）

はじめに

溝口明則

　人類はごく初期の段階から、生き延びるために外界から隔絶した空間を必要としてきました。外部の脅威、環境の変化などから身を守ることのできるシェルターであり、独立した空間です。当初は自然の洞窟を利用したり、簡単な屋根を設ける工夫などがあったのでしょう。そして定住生活がはじまると、身近な環境からいつでも入手できる、自然が与えるさまざまな材料を用いて、よりたしかな架構を構築するようになっていきました。

　各地に小さな集落が生まれるようになると、密集した地域では相互に耕地を奪い合うようになり、次の段階でそれらが統合されて初期の専制国家が成立していきます。すると、構築された施設やつくられた空間に、特別な意味、神聖さや権威の象徴などを見出していきました。構築物がこのような社会的性格を帯びるようになると、「記念性」つまり大規模であることやシンメトリーなどの記念碑的形状を持つことが求められ、それとともに恒久性、永続性も求められていきました。

　このような変遷のなかで、構築物は一貫して外界から遮断された空間をつくるために、柱や梁で架構を組み、あるいは壁を構築して空間を囲み、これらの上部を隙間なく覆うことを試みています。

　建築にとって空間を覆うというテーマは、過去において最も重要なテーマであったことは想像に難くありません。本書は、これから建築学を学ぶ初学者へ、そして建築についてあらためて考えてみたい読者へ向けて、おもに古代と中世の建築を対象に、空間を覆うことに付随して起きた架構の工夫やアイデアをとりあげ、考えることをテーマとしています。そしてこのテーマには「建築とは何か」という設問に向けて、その始原にさかのぼって考えることを含んでいます。

*

　建築のデザインは、一般の視覚デザインとは異なり、重力に逆らって長期間安定し続ける三次元の架構を、大地の上に組み上げることで空間を確保しようとします。そこで考えられた、立体として組み上げる架構へ向けたアイデアは、それ自体が建築デザインの核心のひとつでした。近代以前、技術とデザインとは不可分で一体のものでしたから、架構に対する工夫やアイデアは、同時に造形デザインでもあったのです。

とはいえ本書は建築材料学や建築構造学、構造力学などの分野の書籍ではありません。本書の内容は建築史の分野に属します。建築の歴史をみる視点はいくつもありますが、とくに時代に沿って建築様式を区分する「様式史」が中心を占めてきました。しかし本書の目標は、建築デザインの根幹である架構にかかわるアイデアや耐用年限を延ばすための工夫、そしてこれを実現した技術について、その発生や変遷に注目しつつ、歴史的建築のなかに読み取ってみようというものです。

＊

　伝統的な西洋の建築観では、建築「architecture」と一般的な建物「building」とは異質なものと考えられてきました。その相違は19世紀までは非常に明快で、様式に則っているかいないか、という相違でした。様式については、18世紀ではルネサンス以来の古典主義様式に限定して価値がおかれていましたが、徐々に中世様式、おもにゴシック様式などが注目されるようになり、19世紀後半には他の文明の建築様式への関心も広がり、さらにこの時代は新様式を模索する時代でもありました。

　1851年の第1回ロンドン万博で建てられたクリスタル・パレスについて、当時のアール・ヌヴォーの建築家は、この建造物を「architecture」とは認めませんでした。この建物は、鋳鉄の骨組とガラスを組み合わせた最先端のエンジニアリングの成果ではあっても、様式を持たないため「building」にすぎない、というのです。当時のアール・ヌヴォーの運動は、新しい様式をつくることをめざしていましたが、その背景に、「建築」には様式が必要だという価値観が潜んでいたことをよく示しています。

　しかし、19世紀まで考えられていた具体性のある建築様式が消失してしまった今日、あらためて「建築〈architecture〉とは何か」という問いかけに答えることは、以前とは異なり、なかなか難しいテーマです。20世紀建築も、あとからみれば様式を持っていたと判断されるという意見もありましたが、21世紀の今日からみてもひとつの様式があったと考えるためには、様式の概念を大きく拡張する必要があるとも思えます。

　とはいえ19世紀以後、そのような文脈の変容がありながらも、一般的な建造物と建築とは同じものではない、という漠然とした認識は、現在の建築観の底流にも存在しているように思えます。

＊

　本書はこのテーマ「建築とは何か」という問いに対し、建築の黎明期にさかのぼって考えてみよう、という目的を含んでいます。建築の始原にさかのぼり、そこで目標とされた意図、具体性のある意図を読み解くことをめざしています。とくに建築の耐用年限を延ばすことを目標とした専制国家の建築のテクノロジーを中心に、空間を覆う技法に注目して考えていきたいと思っています。結局このことは、建築の誕生について考えることであり、建築のデザインを支えた原理となるアイデアと、このアイデアが生まれた経緯を見届け、建築とはいったい何か?という問題に、間接的ながらひとつの回答を提示しようとする試みです。

＊

　本書は序章と終章に挟まれた2部で構成されています。古代は長く、また広大な世界です。その途上で、建築は劇的な変化を遂げました。各地の初期文明が産んだ人類の建造物が、ただの素朴な施設から建築に昇華した時代、建築が誕生したと考えることもできる時代です。そして古代の広大な世界のなかでは、場所によって建築材料に大きな違いがみられ、そのため架構に対する考え方にも大きな相違がありました。

　導入である「序章」では古代の時空間の相違にしたがい、古代建築をふたつの構築法の系統とふたつの史的段階に区分して整理します。「第Ⅰ部」では、組積造で構想された壁構造とその架構のアイデアや空間を覆う技法についてとりあげ、「第Ⅱ部」では柱と梁の架構をめぐって、耐用年限の長期化をめざしたアイデアや技法をとりあげます。

　「終章」では、建築の対社会の文脈における意味とは別に、対自然としての性格のあり方に注目する本書の位置付けを、あらためて試みています。

＊

　本書は著者の能力の及ぶ範囲で、できるだけわかりやすく解説することを心がけました。しかし、とりあげる対象は必ずしもわかりやすいものばかりではありません。人類の遺産を対象として解読しようとする試みですから、こちらの解説に都合のいいものばかりではありません。著者が難解と感じる対象も含まれています。したがって、初学者にとって、少し難しいテーマや内容も現れると思います。

　とはいえ、一読して「よくわからない」という印象を持たれる項目があっても、さほど気にすることはありません。よくわからないところはわからないまま、結論を保留し

て読み進めてみましょう。そしてまずは、古代建築の全体的なイメージをつかんでみましょう。そして初学者のみなさんは、数年後、建築学の課程が進んでからあらためて読みなおしていただければ、いつのまにか理解できることが増えていることに気づくと思います。そのとき、みなさんが成長し、力をつけたことを実感していただけるのではないかと思います。

            *

　また、すでに第一線で活躍されている読者諸氏には、建築の歴史や遺構について、これらを設計し造営した人びとの意図、そのデザインや造営計画を組み立てた人びとの考え、その運営を担当した人びとの視線など、過去の建築をつくる側の視点に立って考えてみる機会にしていただきたいと思っています。おそらくそこには、数千年経っても変わらない、建築をつくることに付随する普遍的なテーマが垣間みえるのではないかと思います。

            *

　過去の建築のなかに何かを発見し、創造の手がかりとする行為は、建築の歴史そのものです。古代ギリシアのオーダーをアレンジを加えながらも写そうとした古代ローマ、古代ローマに範を求めたルネサンスなどのわかりやすい例ばかりでなく、建築の歴史は、過去の建築に手がかりを求め、そのアイデアをとらえ直すことで新しい歴史を切り開いてきました。このことは、建築材料やテクノロジーの質が決定的に変化した現代建築であっても、そしてデザインする主体が建築の歴史に対して無自覚であったとしても、原理的な相違はないと考えています。当事者の関心や視点がたしかなものであれば、過去の建築から学ぶことのできる内容は、現代においても決して少なくはないでしょう。

            *

　本書の目的は、そのような視点で過去の作品に触れる機会として、また、あらためて建築を考える手がかりとして、少しでも資することをめざしています。とはいえ、これは筆者の一方的な願望にすぎません。書物の目的とは、結局、読んでいただくみなさん一人ひとりのものであり、そしてそれぞれに異なるものだと考えています。もしみなさんにとって、「建築とは何か」を考える契機になれば、本書の目的は達成されたと思います。

II　木材を架ける　柱・梁構造の世界　91

4.柱を立てる、屋根を載せる　92

5.瓦を葺く、屋根を支える　112

終章　172

序章

　古代建築を大きく区分すると、建築材料に即したふたつの系統の架構に分けることができ、また、群小国家が乱立していた時代の建築と専制国家成立以後の建築という、ふたつの時代を手がかりに区分することができます。

　人類が定着生活をはじめてから古代の終わり（地域によって異なります）までの時間は、中世から現代までの時間の数倍にわたる時間です。まず最初に、古代建築の成立と発展、その特質を考えるために、長期にわたる古代という時代に、大局的な視野を与える2系統の建築材料とそれぞれの架構、そして歴史のふたつの段階、計4つの区分について整理しておきましょう。

1.古代初期のふたつの架構

　古代世界について、地理学的な特徴を手がかりに大別すると、雨量の多寡によって大まかに乾燥地帯と森林地帯に分けることができます。

　古代エジプト文明が生まれる頃、アフリカ北部の砂漠化はすでに進展していました。メソポタミアもよく似た地域です。両者はいずれも、大河の氾濫がもたらす効率のよい農耕が成立しながらも、森林に恵まれないという共通の特徴を持っています。そして両者は、限られた耕地をめぐる抗争を経て、早い時期に巨大な専制国家と「文明」を生み出した点もよく似ています。

　一方、雨量の多い森林地帯では、河川を利用した農耕はもちろん、比較的容易に天水農業が成立したため、小さな集落が距離をおいて点在し、それぞれに棲息することが可能でした。このため、耕地をめぐる抗争などに発展する契機は限られていたようです。

　ふたつの対比的な地域は、建築の架構を考えるうえで重要な手がかりを与えてくれます。定着生活をはじめた初期の人類は、周囲の環境から容易に入手できる材料を使って簡単なシェルターをつくりました。それらの材料は、土や岩石などの材料と、木材を中心とした植物系の材料というふたつの系統に大別されます。この分類は乾燥地帯と森林地帯に対応し、材料の相違がそれぞれの架構モデルを生み出します。

　木材の入手が困難な地域では、日干レンガ（泥レンガ）を並べ、重ねることで壁体を構築する「壁構造」（wall structure）が生まれました。日干レンガが生まれる最初期、ペルシア語でチネと呼ばれる土塊を用いた構法がありました。[図1] はその一例です。手で適当な土塊をつくって重ね、空隙に土を充当して乾燥させながら層を積み重ねて壁体を構築しました。土塊は型を使ってつくる日干レンガに [図2]、そして焼き固めて硬度と耐水性を得た焼成レンガに置き換わっていき、岩盤から切り出された石材も使われるようになります。いずれも構築物の大きさに比べて相対的に小さなブロックを用いて

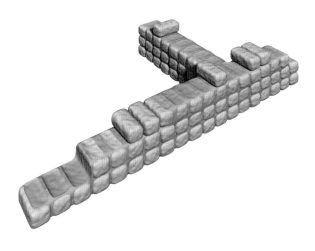

[図2] 日干レンガの製作過程
日干（日乾）レンガは、植物の繋材などと水を加えてこねた
土を型に詰めて干し、十分に乾燥させて固形化したものを使
用する。この結果、部材は規格寸法を保つことになり、また
効率よく積載するために縦、横、高さの各寸法に一定の簡単
な換算関係を持つようにつくられた。まだ軟らかい土塊を重
ねるチネの構法とは異なる構法である

[図1] チネ（土塊）を重ねる技法
水を加え、手でこねて適当な大きさにした土の塊を積み重ね
る構法は、ピゼ（pisé）と呼ばれることが多いが、ピゼの概
念は版築構法に近く、ペルシア語でチネ（chineh）、アラビ
ア語でタウフ（tauf, touf）と呼ばれる土塊を重ねる構法と
は異なると考えられている[1]。ピゼの構築は型枠を要するが、
チネやタウフによる構法は型枠を用いない

[図3] 屋根倉（復原）
日本の弥生時代前後に現れた高床の倉のなかには、垂直に立
ち上がる壁を持たず、屋根だけを高く持ち上げたような「屋
根倉」もつくられていたと考えられている。木材が持つ細長
い形状を利用して柱と桁や梁を縦横に組み合わせて架構を構
築し、斜材を以て屋根を、またおそらく竹材などを並べて床
をつくる、そのような構造物であった。木材を多用した文明
ではどこでも観察される掘立柱を用い、素朴だが基本的なア
イデアにしたがって構築されている

並べ、積み重ねるという架構のアイデアとしてみると、日干レンガの時代と大きく異な
りません。
　一方、木材が容易に入手できる地域では、細長い木材の特徴に合わせてこれらを組み
上げていきました。樹木の豊富な地域では、柱や桁、梁などの部材として木材を組み合
わせる「柱・梁構造」（lintel structure）を生み出します。[図3]は、弥生時代頃につく
られたと推定されている、屋根倉と呼ばれる高床倉庫の例です。さまざまな太さの長材
を使い分け、組み合わせて架構を構築していたと考えられています。

2.建造物のふたつの時代のシルエット

　古代はずいぶん長い時代です。メソポタミアや古代エジプトでは紀元前3000年頃に
はすでに「文明」の萌芽が現れ、エジプトは紀元前2700年頃にほぼ安定した専制国家

へ移行しました。そしてメソポタミアでは、前8000年頃にはじまる「文明」の前段階というべき長い時代があり、この時代に幾多の集落が生まれて都市国家へと発展し、前2300年頃を過ぎて専制国家が成立します。

　これらの時代は、専制国家が成立する以前と以後の時代に分けることができます。群立する小国家群が各地に勃興して発展した時代、そしてこれらの小国家群がまとめられて巨大な専制国家が成立して以後の時代です。

　このふたつの時代の建築はシルエットに大きな相違を持っています。事例を通じて考えてみましょう。[図4] に掲載したアフリカ、ブルキナファソの住居と [図5・6] に掲げたクフ王のピラミッド（前2550年頃）やナボニドス王（前556 ～ 539年頃在位）の再建ウルのジグラトを比較すると、ずいぶん違った印象を受けると思います。

　小国家群が群立していた時代の建築はもちろん残っていません。したがって当時の気配を残すと思われる例として、ブルキナファソの伝統住居をモデルに [図4] を作成しました。この住居は日干レンガなどで壁の芯をつくり、泥を塗り固めて構築し、上部に細身の木材を架け渡して土を葺いています。頂部に向かってやや細くなる円筒状の躯体を並べて構築しますが、円筒の構造体は精確に円筒を実現しているわけではなく、各所に歪みがあり、やや偶発的に出来上がった形状です。ここにみられるやや不整形なシルエットは、基本構想として円筒をめざしながらも、簡易な計測法や施工の過程に起因して現れたと思われますが、住居空間ですから多少歪みがあったところで支障があるわけではありません。

　一方、専制国家の時代の建築、王権の威信をかけた記念建築であるピラミッドや石造神殿などは、不定の凹凸などのない直線や面で構成された整ったシルエットをみせています。この形の特徴は「幾何学的」という言葉で表現できそうですが、ピラミッドが造営された時代には、のちの時代にピタゴラス数学が生み出した「幾何学」はまだ存在していません。ピタゴラスよりも2000年以上前につくられたものです。ピラミッドを一種の幾何学の成果のように受け止めて解釈している数学史の議論などは、根本的な視点に誤りを抱えています。

　専制国家は、膨大な人員を動員して巨大建造物を造営しましたが、その造営現場では多数の不特定の従事者が共同で働きます。このため、あらかじめつくられた計画を、誰が担当しても忠実に実現できて同じ結果になること、正確に再現できることが、造営事業にとって不可欠の条件でした。このため設計計画は、初期にさかのぼるほど容易に再現できる形状に限定される傾向にありました。

　そこでは、ほぼ直線であるピンと引っ張った綱に合わせて石材を削ることや、誰もが同じ長さの部材を正確に製作するためのものさしの導入など、計画を忠実に再現するための工夫と再現力の均質化とが徹底されました。その成果が私たちに、整然とした「幾何学的」な姿として映るのです。ここにみられる「幾何学的」な姿とは、結局、確実に再現できる直線や円、直角など、誰でも一定の手続きを踏んで再現できる形状に、あらかじめ限定した形状でデザインされた結果なのです。

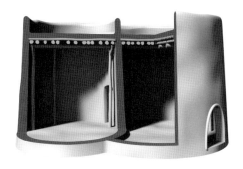

アフリカ、ブルキナファソの住居は、複数の円筒を構築する
という計画にしたがい、日干レンガなど入手可能な材料をそ
の場で組み合わせて構築した。このため、完成した姿にやや
精度を欠いた幾何学形状がみられる。しかし、精度を上げな
ければならない特別な理由もなかった

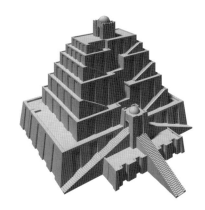

［図5］　クフ王のピラミッド（前2550年頃）　　　　　　　　　　［図6］　ウルのジグラト（ナボニドス王再建時・前550年頃）

専制国家成立以後の建築は、綿密な計画とその計画の正確な再現が求められた。この結果、再現性のある簡単な幾何学形状、円
や直線、正方形など確実に再現できる形状に限定して構築せざるを得なかった。この傾向は、専制国家の時代のなかで、さかの
ぼるほど顕著である［図5・6］

　　限られた人数で、その場その場で工夫し、この過程を重ねながらやや偶発的につくら
れていく状況と、あらかじめ綿密に組み立てられた計画にしたがって、組織的動員と均
質な生産力と再現可能な造形のデザインを介してつくられる、このふたつの建築生産の
性格の違いが、印象の異なる2種類のシルエットを生み出しています。このことは、古
代建築を考えるうえでとても重要なことです。

3.専制国家の記念的建築

　　専制国家の建築は、時期や地域の相違を超えた共通する特徴、一言でいえば「記念性」
と呼ばれる特徴がみられます。専制王権の成立以前、農耕を契機に定着生活をはじめた
人類は、簡単な居住施設をつくって棲息してきました。これらの施設はいずれも、およ
そ数年から長くとも十数年ほどでつくり直される施設でした。生活はもちろんそのよう
な状況に対応したもので、とくに困ることのなかった時代です。

　　ところが専制王権が成立をはじめると、それまでの施設とは性格の異なる、王権の強

さや力の大きさ、神聖性などを象徴しようとする施設、社会的性格を強く帯びた施設が誕生します。この特徴がそれまで存在しなかった「記念性」という造形上の特徴です[2]。この内容はいくつかに区分して考えることができますが、とくに顕著な特徴はその施設の「巨大さ」です。そして「理念としての永続性」や「記念碑的造形」など3つの特徴に区分できると考えられてきました。本書では、専制国家が目標として掲げた「理念としての永続性」という性格に焦点を当てて考えていきます。この目標へ向かった古代建築は、それぞれの建築材料が持つ制約のもとで、それまでになかったさまざまな架構のアイデアや細部の工夫を生み出すことになり、これらの成果が建築を劇的に発展させることになったためです。

4.古代建築の4つの相貌

　以上のように古代には複数の段階があり、段階の相違によって施設の性格が大きく変化しています。そしてまた、使われた建築材料にも大きな相違がありました。これらの異なる条件が複合して基本となる4つの方向が現れ、それぞれの建築の相貌に反映していきました。そしてここから古代建築が出発したことで、世界各地で多種多様な建築のシルエットが現れることになりました。

　本書が扱う古代は、専制国家の前史としての小国家が乱立する時代を念頭におきながら、とくに統一された王権が支配する専制国家の時代を中心に考えていきます。国家や王権のありようが建築に大きな影響を与えた当体ですから、古代という言葉で一括りに扱いますが、紀元前2500年に目を向けることもあれば、紀元後1000年の専制国家の建築に注目することもあります。たんに時間軸を以て古いか新しいかという区分でとらえるのではなく、文明の特徴、専制国家という社会体制に注目したうえで個々の建築をみていこうとするためです。

　そして本書では、中世の建築にも言及します。中世における建築の発達は、古代建築に限定してみていたのでは不明瞭であった架構のアイデアなどに潜在する意図を、鮮明に示してくれる場合があり、また、中世を含めて古代以来の発達過程が一段落する、とみえる場合が多いためです。

註
1) 松谷敏雄「ピゼとチネ——泥壁考序説」『東洋文化研究所紀要』1972年3月。
2) 古代建築の特徴を「記念性」としてとらえようとした視点は、第二次世界大戦を挟んだ昭和の建築史研究で考えられた。しかしその後、この種の議論は踏み込んだ論考が少なく進展がみられなかった。この特徴を3つに区分した考え方は故渡邊保忠先生（早稲田大学）の建築史の講義にしたがっている。本書では、建築の「記念性」の3つの特徴のうち耐用年限を伸ばそうとするアイデアや技法、技術、意匠に限定してとりあげた。他の特徴である「巨大さ」、そして「記念碑的造形」の成立とその背景については以下の著書で述べている。溝口明則『古代建築——専制王権と世界宗教の時代』中川武編、世界 宗教 建築史シリーズ、丸善出版、2018年。

I 石材、レンガを積む

壁構造の世界

柱と梁で架構を組み立てる「柱・梁構造」では
柱と桁や梁で構成された躯体の輪郭に沿って、
土や植物材料などを用いて空間を遮断し、切り分けようとします。
開口は、この過程を一部省略した場所に結果的につくり出されます。
ところが小ピースを積み上げる「壁構造」では、
正反対の方向、閉じた壁体の一部に穴を穿つことで開口を実現しようとしました。
したがって、安定した開口を設ける方法が重要なテーマになりました。

組積造の壁に開口を設けることは、なかなか難しいテーマです。
そこで考えられたさまざまなアイデアや工夫は、
壁構造を主体とする架構を考えるための重要な手がかりを与えてくれます。
まず壁に開口を設ける方法について、整理しておきましょう。

1. 壁に開口を設ける

1・1 | 壁構造と開口

　初期の「壁構造」は日干レンガ、焼成レンガ、石材など小さなブロックを並べ、積載することで壁体を形成しています。そのような壁体ですから、それらのブロックひとつよりも大きな開口を設けようとすれば、壁の一部からただレンガや石材を引き抜くだけでは壁体の上部が崩落してしまいます。壁構造の躯体にとって、出入口や窓を開けることは簡単なことではありませんでした。

1・2 | 梁を架ける

　壁体に安定した開口を設ける最も簡単にみえる方法は、レンガや石材を積んで適当に間隔を空けたふたつの壁体を起ち上げ、この上に梁を架け渡したあと、梁の上部も含めてさらにレンガなどを積み上げる、というアイデアです。

　このように使われた梁の事例は木造梁が多く、たとえばクメール建築（およそ800～1300年に建立された現在のカンボジアに遺るヒンドゥー教・仏教寺院建築）などでは、石造の壁体に設けた開口部の上辺に、木造梁を架けた痕跡を残した例がみられます。

　[図1] はタ・プロム寺院（1186年頃）の事例です。開口の上部の横に長く空いた痕跡は、腐食して消失した木造梁が架けられていた跡です。[図2] はプレア・ヴィヘア寺院（9世紀末に成立。現在の姿はほぼ11世紀までの造営）の付属建物に設けられた連子窓を、室内側からみています。この窓の上部に横長に施設された凹形も木造梁が挿入された痕跡です。幅のある開口のため、連子窓の石製上框にかかる上部荷重を緩和しようとして挿入されたものと思われます。木造梁はほとんど失われていますが、[図3] は、石造のバイヨン寺院（12世紀末頃。バイヨン期の建築を代表する遺構）の中央塔の中に残る希少な例です。この梁は開口の上部に施設されたものではありませんが、木造梁がたしかに使われていたことがわかります。

　もし日干レンガと木造の梁とが共存できていれば、[図4] のような状態をみることになったと思われます。ところが木材が容易に入手できる地域では、木造の柱と梁を組み合わせて柱・梁構造の架構を実現する場合がほとんどです。つまり、木造の梁とレンガや石材による壁構造とは、共存できる環境が限られていました。東南アジアの建築は、木造建築の経験の上にヒンドゥー教とともにレンガ造や石造の寺院建築が伝わったため、ふたつの架構が併存する比較的特殊な事例です。

　さまざまな架構のアイデアが現れはじめた初期文明の時代、壁構造が生まれた地域は木材が簡単に入手できない地域が多く、梁に使えるような十分な木材を入手することは

［図1］　タ・プロム寺院の開口（12世紀末）

［図2］　プレア・ヴィヘア寺院（11世紀）付属建物の開口

タ・プロム寺院の開口上部に穿たれた横長の痕跡は、挿入されていた木造梁の跡。石材が緊密に積載されていたため、梁材が腐朽したあとも崩壊を免れている［図1］。プレア・ヴィヘア寺院の第3ゴープラの付属建物（1000年代中頃の建立）では、連子窓の上部に木造梁を挿入した痕跡がみられる［図2］。この建物は木造小屋組を架けて瓦を葺いていたため、連子窓上部にそれほど大きな荷重はかからなかった。それでも木造梁を挿入した理由は、連子窓の幅が大きいため、石造上框にかかる負荷も大きいと判断し、これを軽減しようとしたものであろう

［図3］　バイヨン寺院（12世紀末頃）中央塔に残る木造梁

クメール寺院建築で使われた木造梁はほとんど残っていないが、バイヨン寺院中央塔（12世紀末頃）の内部では、現在でも当初の木造梁が観察できる。ただ、この梁は開口上に施設されたものではない

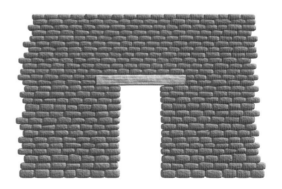

［図4］　日干レンガに木造梁を用いた開口

容易なことではありませんでした。しかし、木材の入手が難しい地域でしたら、たとえば石の長材を切り出し、梁として使うことができそうに思えます。ところが石材は、木造梁と異なり横に架けて上部荷重を受ける部材として使うには不向きな材料です。その原因は、[図5・6]に示したように、石材は圧縮する力に対しては非常に強い材料ですが引っ張る力に対して極端に弱いためです。

　両端が固定されているか否かによっても梁の変形の様子が変わりますが、上部から荷重がかかると、およそ以下のような状態が起きます。

　梁材が上部の荷重を受けると、上方からの荷重で押し下げられる力が働き、中央が下がって湾曲するような変形が起こります。このとき梁の上部では横方向に圧縮がかかり、下部では左右に引っ張られた状態が起こります。石造の梁にこのような力が加わると下面中央に亀裂が生じ、中央から破断してしまいます。[図5A]の状態は、上部荷重がかかっていない状態です。一方、[図5B]の梁は、上部荷重によって中央が垂下する変形が起こり、下方に両脇から引っ張る力が働いて下面中央に亀裂が入った状態です。そして[図5C]の梁は、上部の荷重をすべて受けて破断してしまった状態です。

　高さが低く細い梁ほど変形しやすいはずですから、それなら変形を抑えるために石造梁の高さをもっと大きくとればよさそうに思えます。この状態を[図6]に示します（わかりやすいようにデフォルメしています）。ところが梁の高さを大きくとっても、梁自身の重い荷重が原因で梁を変形させてしまいます。結局、石造梁の高さを増すことは決定的な解決策にはならないのです。ところが木材は、引っ張る力に対して石材よりも相対的にかなり強いため、下方に湾曲するような変形にもある程度耐えることができます。そして石材よりも軽いため、自重が梁の変形に与える影響も小さなものです。

　以上の状況は、わかりやすい例として極端なモデルを示したものですから、もちろんさまざまな状況が考えられます。梁の長さや断面の形、上部荷重の大きさ、材料の性質などが重なり合って生まれる状況なので、さらに大きな荷重がかかったり、あるいは梁の断面が極端に小さかったりすれば、どのような梁であっても耐えることはできません。ただ、梁材に用いる材料として、石材が不利であることを示したものです。

　一方、木材には腐朽するという大きな弱点があります。このことについては後の章で検討しましょう。

1・3 ｜ 迫り出し構法

　水平部材に使える適当な材料が入手できない環境では、安定した開口部を確保するために別種の技法が工夫されました。「迫り出し構法」と「アーチ構法」です。後の章でさまざまな架構を検討するため、まずこのふたつの技法について整理しておきましょう。

　最初に「迫り出し構法」をとりあげます。「迫り出し」と呼ばれる構法は、簡単にいえば、距離の離れたふたつの壁の上に、それぞれ積載するレンガや石材ブロックを水平のまま、壁のない中央に少しずつ寄せながら積み重ねていくことで中央上部の空隙を埋

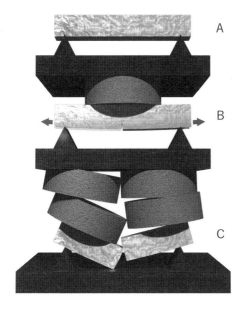

[図5]　石造梁の性質1
圧縮に強く引張に弱い石材は、梁材として上部荷重を受けると上辺では左右からの圧縮、下辺では左右への引張力が加わる。このため下辺中央に亀裂を生じて破壊に至る。図は上部荷重を受けていないA、荷重を受けて亀裂を生じているB、荷重を受けて破断したCを示す

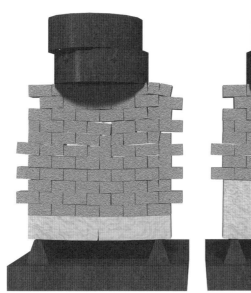
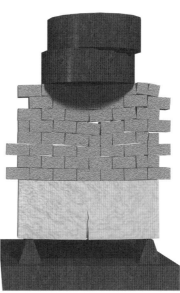

[図6]　石造梁の性質2
上部荷重に起因する石造梁の破壊は、中央が下方に向かって湾曲する変形によって引き起こされる。したがって、梁の高さを増すことで梁の変形を緩和すれば、この問題は解決できそうにも思われる。しかし、石造梁自身の荷重が原因となって下辺の引張力が減少することはなく、結局、破断を免れることができない。石材は、梁材として適切な材料ではないため、石造建築の世界では、石造梁をどのように扱うかが大きな課題であり続けた

めていく技法です。

　[図7]をみてみましょう。これは日干レンガや焼成レンガを積み上げ、徐々に中央に寄せながら開口の上部を閉じていった状態、迫り出し構法の最もわかりやすい姿です。一方[図8]は、同じアイデアでつくられた開口部に、あとから石梁を挿入したもののようにもみえます。結果的に同じことなのですが、アイデアの方向が少し異なっています。[図8]を生み出したアイデアは、石梁の中央に上部荷重がかからないように、壁体に迫り出し構法を用いたもので、石造梁の保護を目的としたものです。

　迫り出し構法は、レンガや石材を水平に積み上げる構法ですから、比較的簡単に思いつく素朴なアイデアのようです。そして、やや安定を欠くのではないか、という印象を与えます。しかし基礎が強固で壁体上面が水平を保っているあいだは、意外なほど安定した状態を保ちます。ただ、レンガや石材一つひとつの安定を求めて少しずつ内側に寄せていくため、上方に背の高い三角形の空隙が出来上がってしまいます。

　[図9・10]は、ギリシア先史時代のミケーネ文明を代表する遺跡のひとつ、紀元前1300年頃に城塞の主門としてつくられた「獅子の門」と呼ばれる遺跡です。迫り出し構法を採用し、大きな石材を積み上げていますが、迫り出し構法は入口上辺を区画する大きな石造梁に、上部からの荷重をかけないために使われています。先に記したように石造梁は上部荷重に対して脆弱なためです。

　そのような理由で生まれた三角形の空隙ですから、中央に立つ柱を2頭の獅子が囲む石造のレリーフは、石梁に負担をかけないよう軽くつくられているはずです。事実このレリーフは薄い板状の石材でつくられました。このレリーフは、上部に現れてしまう三角形の空隙を塞ぐためだけに設けられたものです。

　「獅子の門」は城塞の門ですから、かつて、おそらく木造の重厚な扉が存在したはずです。扉を設けるために、入口上部に水平材が必要だったと考えられます。

　前1350年頃に造営された「アトレウスの宝庫」と呼ばれる墳墓もミケーネ文明を代表する遺跡です。トロスと呼ばれる先史ギリシアの墳墓のなかでも、とりわけ壮大な墓室空間を持っています。[図11]は、その墓室へのアプローチを示したもので、[図12]はその入口の石組の様子を表したものです。墓室は迫り出し構法を用いた大きなドーム空間で、この図は墓室へ続く隧道（ずいどう）の入口にあたります。

　この入口は、切石のブロックを高さをそろえて加工して並べ、この層を積み重ねて構築した壁体に設けられています。その大きな開口の上部中央に特別に長い石材でつくられた梁を載せており（図では濃度を変えて表現しています）、梁の上部には三角形（五角形）の空隙が載っています。この空隙が直下の石梁に上部荷重をかけないために採用された迫り出し構法に起因することは、すでにみた「獅子の門」と同様です。

　迫り出し構法は、小ブロックを積載して構築した壁体に開口を設けるために工夫されたアイデアですが、石造梁と組み合わせてその石造梁を保護するために使われることも多く、石造梁を持つ膨大な事例が残っています。

　クメール建築の祠堂（しどう）の入口上部では、迫り出し構法がよく観察されます。[図13]は、

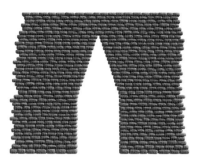

［図7］　迫り出し構法の開口1

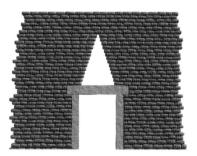

［図8］　迫り出し構法の開口2

迫り出し構法を用いた開口部はすべて同じもののようにみえるが、2種類の異なる意図が混在している。もとは安定した開口を実現するために用いられたが［図7］、これとは別に、開口上部に架けた石造梁などに、上部荷重をかけないために用いることがある［図8］。梁を保護しようとするケースのほうが一般的である

［図9］　獅子の門（前1300年頃）

［図10］　獅子の門の石組

「獅子の門」［図9］の上部に置かれた向かい合う2頭の獅子の装飾は、迫り出し構法によって、梁の上部に現れてしまう三角形の空隙を塞ぐために施設された薄い石材に施されたものである［図10］

［図11］　アトレウスの宝庫（前1350年頃）

「アトレウスの宝庫」［図11］では円形平面の墓室に至る入口上部に、特徴的な三角形（五角形）の空隙がみられるが、この空隙は石梁に荷重をかけないための処置である［図12］。迫り出し構法によって必然的にこのような形の空隙が生まれた

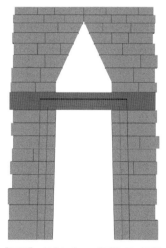

［図12］　アトレウスの宝庫入口の石組

900年代前半に造営された、迫り出し構法を用いたレンガ造遺構（ヒンドゥー教寺院の祠堂）です。レンガ造の祠堂の入口は、厚い壁体を持つため意外に奥行きがあり、［図13・14］はいずれも、奥行きに合わせて大きな石板を水平に挿入しています。［図14］ではその石板の上部に、奥と手前で少し大きさの異なるふたつの三角形の空隙がみてとれます。そして薄いレンガ壁で外壁を設け、この空隙を塞いでいます。このため空隙は外観に現れません。

　一方、［図15］は砂岩のブロックを重ねた内壁で迫り出し構法を用いた例で、小規模なゴープラ（入口建物）の内壁などでまれにみられるものです。ここに、ごく簡略な凸形の空隙がみられます。まるで石材ブロックの積載を省略してしまった空隙のようにもみえますが、これは意図して開けられた空隙で、直下の石梁中央に上部荷重をかけないための処置です。迫り出し構法としてみればわずか2段で構成されたごく簡単なものですが、荷重がかかったときの石梁の性質を十分に理解していなければ現れることのなかった工夫です。このように、石材を省略しただけのようにもみえる工夫は、簡単とはいえ巧妙なものです。クメール寺院建築が木造からレンガ造を経て石造化していった過程で、砂岩材の扱いに十分な経験を積み、高度な判断力を醸成してきたことを表しています。

　迫り出し構法は、大きな開口をとることが簡単ではありません。クメールの遺跡では、その幅は内法2mほどが一般的で、比較的大きなものでもアンコール・トムの城門の2.5mほどに限られます。開口の幅を大きくとろうとすれば、上部はその分だけ背が高くなって層が増え、石材ブロックなどの構成材も、部分的であってもある程度大きなブロックを要することになり、上部荷重が増加して不安定になっていきます。しかし、石材の調達や実際の造営事業を考慮すると実現は難しく、結果的に、開口の大きさに制限が生じています。

1・4 ｜ アーチ構法

　アーチ構法は、レンガや石材を用いて特殊な積み方をすることで、開口部の上部を安定させようとするアイデアです。［図16］は、半円アーチの一部を描いたものです。アーチを構成する一つひとつの部材は楔形（台形）を呈しており、隣り合う両脇の同様の部材と接触しています。アーチを構成する楔形の部材は、上部荷重によって下方に向かって押し出され、隣接する部材と強く密着します。このことで軌道が修正され、半円アーチでしたら、円の中心に向けてごく微かに移動します。隣接するブロックは、こうして互いに接触面で強く押し合うことで、全体として強固な半円形のブリッジを形成する、というアイデアです。そしてアーチの足元が水平方向に広がらないよう両脇から抑えることで、ブロックどうしが「強く押し合う」という状況が可能になっています。

　したがってアーチ構法は、部材が破砕するほどの力がかからないかぎり、上部荷重が増加するとかえって安定するという際立った特徴を持っています。このことは、アーチが開口の規模の大小にそれほど左右されない安定した構造であることを意味します。［図

[図13]　クメール祠堂（10世紀前半）の入口上部1

[図14]　クメール祠堂の入口上部2

[図15]　小ゴープラの内壁

クメール祠堂の入口上部には三角形の空隙がみられる［図13・14］。入口上辺の上框（奥行きの浅い入口天井や扉を設ける部材を兼ねたものが多い）に荷重が掛からないための処置である。また小ゴープラの側室壁面などで、石材ブロックの積載を一部省略するという簡易な技法もみられるが、省略することで同様の効果を得ている［図15］

[図16]　アーチ構法の特徴

17] の左右ふたつの図は、アーチ構法がさまざまな大きさの開口に対して、比較的自在に対応できることを示したものです。そしてこの特徴は、とり得る開口の大きさに制限を抱えていた迫り出し構法と比べて、大きく異なる利点です。

1.半円アーチ

アーチの形状は、メソポタミアなど初期の例では、半円に近くとも不定形なものでした。不定形になる理由は型枠を使わないためです（この構法はのちにとりあげます）。ところが古代ローマでは、木造の型枠を用いることで精度の高い半円アーチを構築しました。型枠を用いてつくるたしかな半円アーチは、以後の西洋建築やイスラム建築で採用されるアーチの範形になっていきます。[図18] は、ローマの水道などの造営で採用されたアーチの構築の様子を図示したもので、左から右に向かって、①～⑤の順で構築の過程を表しています。

まず、①間隔を空けて下部の壁体（橋脚）を構築すると、②木梁の両端をその壁の上に載せて架け渡し、③これを底辺とする半円形の木造型枠を組み立てます。そして、④この型枠の上に楔形の石材を並べてアーチを構築すると、その周囲に壁体を積み上げていきます。周囲の壁体をつくることでアーチがたしかに固定されると、⑤最後に型枠を分解して撤去する、という手順です。

アーチの構法はこの技法ばかりではありませんが、橋桁上部に、橋桁の内法寸法より少し大きい半円アーチが載った例は数多く観察されます。これらはいずれも、比較的簡易なこの構法でつくられたと考えられています。

[図19] はロマネスク教会堂の入口に設けられたアーチの様子を示したものです。1100年代の中頃まで、キリスト教教会堂では半円アーチが繰り返し使われました。図のアーチは分厚い壁体の奥行きに合わせ、大きさの異なるアーチを幾重にも重ねています。同様のアーチは、西欧中世の教会堂入口などで数多く採用されています。

迫り出し構法の事例と同様に、アーチを採用した開口でも石造梁と組み合わせた例が数多くみられます。1000年以前、イベリア半島はほぼイスラム国家の勢力圏でしたが、ピレネー山脈の南麓に小規模なキリスト教国がいくつかありました。[図20] のアーチは、この地方で造営されたプレ・ロマネスク教会堂、サン・ペドロ・デ・ラ・ナーベ（700年頃）の西入口です。アーチの形状が半円形を超えて伸び、馬蹄の形状を持っていますが、これはイスラム建築の影響で現れたと考えられています。開口上部の石梁の保護のためにアーチを用いた、西ヨーロッパの早い時期の例です。

2.尖頭アーチ

イスラム圏や西ヨーロッパでは、半円アーチを手がかりに、さらに工夫を加えた尖頭アーチ（ポインテッド・アーチ）が生まれました。[図21・23] は1100年代後半以後、西ヨーロッパの教会堂建築で繰り返し採用された尖頭アーチを示したものです。

尖頭アーチは、それまでの半円アーチと大きく異なるもののようにみえますが、[図

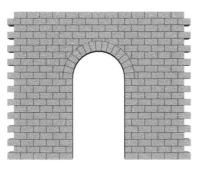

[図17]　大きさに自由度のあるアーチ構法
アーチ構法はメソポタミアに最古の例がみられるが、古代ローマに先行するエトルリアでも使われており、古代ローマはここから半円アーチを学んだと考えられている。アーチ構法は規模の相違で受ける影響が少なく、古代のレンガ造や石造建築の発展を支える架構であった

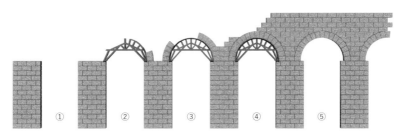

[図18]　古代ローマの水道の構築手順

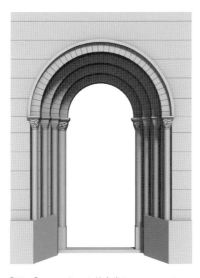

[図19]　ロマネスク教会堂入口のアーチ

[図20]　石梁を保護するアーチ

西ヨーロッパでは、古代ローマの時代から1100年代の中頃まで半円アーチが使い続けられた［図19］。開口部はほとんど半円アーチでつくられたが、入口の石造梁（上框）を荷重から守るために施設された例も多い。［図20］はスペインのプレ・ロマネスク教会堂サン・ペドロ・デ・ラ・ナーベの西入口に施設されたアーチの様子

22] に示したように、円弧を用いてアーチの形状を制御している点は同様です。のちに
あらためてとりあげますが、このアーチは半円アーチのように高さと幅の関係が固定さ
れることがありません。このアーチはふたつの弧の位置を調整することで、高さと幅の
関係を自在に制御することが可能です。この利点によって、ゴシック教会堂の規模の拡
大を可能にし、大聖堂を生み出すことに貢献しました。西欧中世の建築様式では、半円
アーチを用いた建築をロマネスク様式（11世紀初頭〜12世紀中頃）、尖頭アーチを採用
しているものをゴシック様式（12世紀中頃〜14世紀末頃）と定義しています。[図23] は、
尖頭アーチを用いた比較的典型的なゴシック教会堂の窓の詳細です。また、開口ばかり
でなくゴシック教会堂の空間を覆う技法としても、尖頭アーチの存在は欠くことができ
ません。

　12世紀前半、西ヨーロッパの尖頭アーチの出現よりも少し早い時期に、ミャンマー
のパガン王朝（11世紀〜13世紀末）の寺院で尖頭アーチが出現しました。この寺院建
築の構法は、薄いレンガを積み上げて漆喰をかぶせて表面に装飾文様や彩色などを施す
ものです。[図24] は1100年を跨いで造営されたパガン王朝を代表する寺院遺構、アー
ナンダ寺院です。[図25] はこの寺院の入口構の様子を示しています。漆喰をかぶせるこ
とが通例ですので、竣工当初はレンガ積の様子は隠されています。しかし、この図では
漆喰を剝いだレンガ積の状態を示しています。

　入口上部に尖頭アーチが採用され、妻壁のデザインではマカラ・ナーガ（水棲の霊獣
と蛇神の複合体）とフレア（マカラ・ナーガの背に載る火炎状装飾）の組み合わせがみ
られます。雰囲気は大きく異なりますが、クメール建築にも共通する装飾のモティーフ
です。

　[図26] は、アーナンダ寺院の建物内部にみられる尖頭アーチです。アーチ本体はレン
ガ造ですが、アーチの部材のあいだ、ところどころに奥に長い薄い砂岩の板を挟む、補
強のためと思われる工夫がみられます。砂岩の代わりに奥行きのある比較的薄いレンガ
を用いた例もあります。奥行きのあるアーチは、何列ものレンガ造アーチを密着させて
奥行きをつくり、尖頭形のトンネル・ヴォールトを形成しています。このため、これら
のアーチ列が相互に剝離しないよう、奥に長い板状の部材を適宜組み込んでアーチどう
しをつなげようとしたらしく、レンガ造アーチの構成の邪魔にならないように薄く、し
かし強固な砂岩材を用います。この尖頭アーチの組み方は、西欧の建築にはみられない
パガン建築の特徴です。

　尖頭アーチを採用した建築は、東南アジアではパガン王朝の建築以外にみあたらず、
この王朝の建築を特徴付けています。したがって1100年を跨いで西ヨーロッパとミャ
ンマーという、東西に大きく離れた2カ所の文明で、唐突に尖頭アーチが現れました。
このことは建築史研究にとって長いあいだ謎でした。イスラム建築では10世紀以前に
尖頭アーチを発明しており、あまり目立ちませんが比較的よく使われていました。この
ため、具体的な経路などは不明のままですが、東西2カ所の尖頭アーチの発生はイスラ
ム建築の影響によるものだったと考えられています。

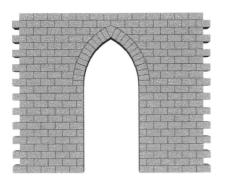

［図21］　尖頭アーチの入口

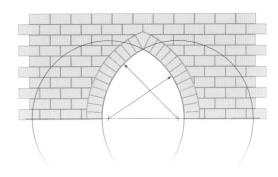

［図22］　円による尖頭アーチの構成

1100年代中頃を過ぎると半円アーチに置き換わって尖頭アーチが使われるようになった［図21・23］。尖頭アーチは高さと幅の関係が固定された半円アーチに比べて自由度が高い［図22］。このことが架構の可能性を広げ、巨大なカテドラルの造営を促した

［図24］　アーナンダ寺院（1100年頃）

［図23］　ゴシック教会堂の窓回り

11世紀中頃、現在のミャンマー中央部で興ったパガン王朝は、現在のバガンの地に膨大な仏塔や仏教寺院を残したが、その数は3000棟ともいわれている。1000年以後に造営されたこれらの仏教寺院では、東南アジアの他の地域にみられないアーチ構造を持ち、珍しい尖頭アーチを観察することができる［図24・25］。パガン王朝の建築はほぼ例外なくレンガ造で、尖頭アーチも薄いレンガで構築された。アーチを構成するレンガの間に砂岩の薄い板を適宜挿入するという、特徴のある構法がみられる［図26］。ただ、造営当初のレンガ造の壁面は壁画や装飾を描いた漆喰に覆われていた

［図25］　アーナンダ寺院の入口構

［図26］　尖頭アーチの構成

南アジアや東南アジアでは迫り出し構法が一般的で、アーチ構法はほぼミャンマーの尖頭アーチに限られます。しかし他の地域でも、例外的にアーチ構法を用いた事例をみることがあります。筆者の知るかぎりでは12世紀頃のスリランカのレンガ造遺構に採用されたものがあります。これはヴォールト構法に属しますので、後の章でとりあげることとします。

1·5 | 石梁を用いた特殊な技法

　石造梁を用いた技法で、いままであまり注目されなかった特別な技法があります。クメール王国の都市遺跡アンコール・トムの中央に位置するバイヨン寺院［図27］には、外周回廊内側の南東隅と北東隅にそれぞれ経蔵（研究史では慣例で「経蔵〈library〉」と呼ぶ伽藍内の独立建物ですが、実際の用途は不明です）が建っています。

　［図28］はふたつの経蔵のうち北東隅の経蔵の立面図です。特別な技法は、この経蔵壁面にある小窓の上部構成材で発見されました。クメール王国の建築は、まだレンガを主体としていた時代から、梁や板状の入口天井材など、特定の位置に限定して石材を用いていました。そして先に述べたように、石造部材に上部荷重がかからないよう、その上部に迫り出し構法を用いて三角形の空隙を設けています。のちのクメール建築は、建物全体を石造化していきますが、石材が主要な材料になったあとも迫り出し構法を通常の方法として使い続けています。

　ところが、バイヨン寺院の経蔵では、窓の上部に迫り出し構法を用いず、窓枠の上框の上にさらに石造梁を重ねています。石造の梁は、先に述べたように重ねてみたところで補強にはなりませんから、このふたつ重ねの石梁は一見して奇妙な架構ともみえます。

　［図29］は、この窓回りの石組を整理し、模式化したものです。石造梁に限らず窓の周囲の石材の形は不ぞろいで、石材の大きさもまちまちですが、一つひとつの石材を、周囲の石材に合わせてその場で整形しながら積んでいくという構法の結果です。この経蔵は日本の修復チーム[1]によって20世紀末に解体修復工事が行われました。窓枠の解体時に、石造梁の下面中央にわずかな幅と長さで抉りとられた跡が発見されました［図30］。梁材の下面中央をわずかに削りとっただけのことですからごく些細な加工ともみえますが、この工夫は以下のような効果を発揮します。

　石造梁の下面はわずかに抉られていますが、その長さが短いため上部荷重によって起こる中央の垂下する変形が小さく、破断することなく荷重に耐えることができます。一方、石造梁の中央部が抉られているため、その直下の上框の中央部には荷重がかからず、このため上框も中央が垂下する変形が緩和され、こちらも破断することがありません。石造梁の空隙は窓の内法幅よりもだいぶ小さな幅ですが、中央を浮かせることで直下の上框を荷重から守っています。

　中央下面をわずかに抉るという加工は、［図30］のように梁の側面には現れません。このためこの工夫は、遺構を解体するまで人の目に触れることがありませんでした。ごく

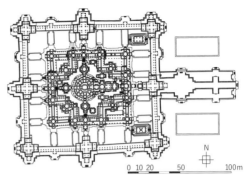

[図27] バイヨン寺院（12世紀末頃）全景（左）および平面図（右）
バイヨン寺院はジャヤヴァルマン7世によって仏教寺院として造営された。しかし
その後、あらためてヒンドゥー教寺院に戻った時期がある。長期にわたって各所に
改造が加えられ、現在の姿になった

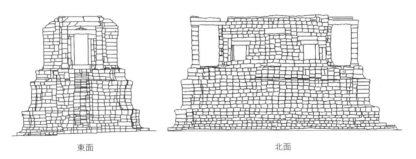

東面 　　　　　　　　　　　　　　　　北面

[図28] 　バイヨン寺院北経蔵立面図

バイヨン寺院の北東隅に建つ「北経蔵」は両側壁に2つずつ窓を設けている[図28]。解体修復工事の過程で、窓の上框に接する梁材に独特の工夫が隠れていることが判明した。梁と框をただ二重に重ねたもののようにみえるが、上框中央に上部の荷重がかからないよう、上梁の底部中央を抉りとることで接触を回避するという工夫である［図29・30］。上部荷重がかかる上梁底面の抉りとられた空隙は、幅が小さいため上部荷重に耐えることができる。そしてその直下の上框は、この上部梁のおかげで中央に荷重がかからず、やはり荷重に耐えることができる。この工夫の肝要な点は、抉りとる幅と開口の幅とのバランスにある

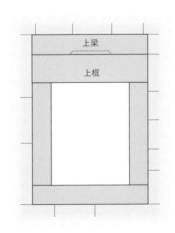

[図29] 　経蔵窓の石組モデル

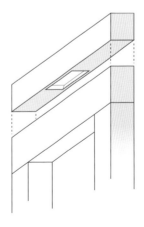

[図30] 　窓上の石梁の工夫

簡単な工夫なのですが非常に技巧的で、石材に対する成熟した判断力を示すとともに、工夫そのものをみせまいとする配慮もうかがうことができます。この技法が発見されて以後、バイヨン寺院の各所で同様の工夫が密かに施されていることがわかってきました。

1·6 | 壁に開口を設ける技法

　壁構造が支配的な地域では、梁材にふさわしい木材の入手が困難であったため、開口を確保するための特別な工夫が必要でした。この工夫はおもにふたつの技法、迫り出し構法とアーチ構法を生み出します。

　迫り出し構法は、レンガや石材ブロックを水平に積みながら、内に向かって少しずつ梯出（ていしゅつ）させることで空間を覆う構法です。このため開口幅が大きいほど背が高くなり、大きな開口を設けることが難しい技法でした。また、常に厳密な水平が保たれる必要のある構造的にやや不安定なところがあり、規模の拡大に限界を抱えていました。一方、アーチ構法は、上部荷重がかかるほど強固になって安定度が上がり、大きな開口にも対応することが可能でした。

　そして、以上の工夫を用いて壁体に設けられた開口は、開口上部の壁体を安定させるためばかりでなく、開口上部に架けられた石造梁に、上部壁の荷重をかけないことを目的として設けた例も数多くみられました。

　古代初期のこれらふたつの技法の分布をみると、メソポタミアを中心に使われたアーチ構法を例外として、一般には迫り出し構法が支配的な存在でした。しかし古代ローマ帝国が地中海周辺を支配した時代を経て以後、迫り出し構法とアーチ構法は、ほぼ混在することなく棲み分けています。大まかに区分すれば南アジア以東には迫り出し構法、西アジア以西にはアーチ構法が分布していました。とはいえ古代ローマが隆盛するまで、西アジア以西でも迫り出し構法が支配的であり、一方、時代を経たミャンマーのパガン王朝の寺院遺跡のように、迫り出し構法が一般的な東南アジアの文明の中で例外的にアーチ構法が認められます。このように例外的な存在を含みながらも、ふたつの構法はおよそアジアの東西に分かれ、棲み分けていました。

　また、独特な構法として、石造の二重梁ともみえる架構で、2本の石造梁の接合面をわずかに抉り、石材の弱点を補おうとする工夫もみられました。この種の構法は遺構を表面的に観察しただけではわからないため、古代文明の中に数多く存在したのか、またどのように分布していたのかは現段階でわかっていません。

　この構法は、一見して非常に簡単な技法のようにみえるため見逃されやすいのですが、簡単な技法という印象は、加工が簡単で安易ともみえることから受ける印象にすぎません。この工夫は、石材の性質（クメール建築では砂岩）に十分に精通していなければ、思いつくことのできなかったアイデアです。

　いずれの構法も、短いブロックを積み上げるという限定のなかで、開口上部を安定させる、あるいは開口に挿入された石造梁に上部荷重を掛けまいとして使われています。

そしていずれも、材料の形状が持つ限界とその性質をよく承知して、その利点を採用しつつ欠点を補うように工夫された結果、ほとんど必然的に、それぞれの構法が生み出す開口のシルエットが成立していったと考えられます。

　以上にあげた、壁構造の壁体に開口を設けるさまざまな技法は、空間を覆う技法を考えるうえでも重要な手がかりです。これらの技法を念頭において、次章からしばらく、壁構造のもとで実践された空間を覆う技法についてみていくことにしましょう。

註

1) 日本国政府アンコール遺跡救済チーム（Japanese Government Team for Safeguarding Angkor：JSA）は1994年以来、クメール寺院遺跡の学術調査と修復事業を進めており、現在はバイヨン寺院を中心に保存修復計画策定のための調査を続けている。解体修復工事は、バイヨン寺院の北経蔵および南経蔵、アンコール・ワット回廊の最外北経蔵、王宮前広場の東に位置するプラサート・スー・プラ（12基の塔で構成される）の北群6基のうち南端の塔（N1塔）を対象に実施した。

2. ブロックを重ねて空間を覆う

2·1 | 地中海の迫り出し構法

　組積造の技術を応用して空間を覆う方法は、大きくふたつの系統に分かれます。本章では、そのうちのひとつ、ブロックを水平に積む「迫り出し構法」についてその技法の特徴をとりあげます。また、この技法が古代世界においてみせていた多様性にも注目したいと思います。

　迫り出し構法を用いて空間を覆う現存する最も古い事例は、ピラミッドの玄室にみられます。第1章で述べた壁構造に開口を設ける工夫のひとつであった迫り出し構法を念頭において、空間を覆う技法をみていきましょう。

1. ピラミッド玄室

　古代エジプトのピラミッドの玄室では、迫り出し構法によって上部荷重を玄室の両脇に逃がそうとする工夫がみられます。第3王朝の末期から第4王朝の初期（前2650～2600年頃）にかけて、2代の王を跨いでつくられたメイドゥムのピラミッド（崩壊ピラミッド）の玄室では、[図31]のように迫り出し構法を用いて玄室の上部を覆っています。膨大な石材による上部荷重を玄室の両脇に逃がすためのアイデアで、室内の内法幅に比べてずいぶん背の高い空間です。直接床に接する石材ブロックの直上から、少しずつ中央に寄せて積載することで玄室を覆うため、ほとんど三角柱を寝かせたような姿の内部空間を生み出しています。

　一方、第4王朝のクフ王のピラミッド（前2550年頃）の3つある玄室のうち、最大で最上に位置するいわゆる「王の間」[図32]では、「重力軽減の間」と呼ばれる背の低い空隙を何段も重ねた、いわば櫓のような構造が載っています[図33]。この架構も、上部に積載された巨大な荷重が直接玄室にかからないよう工夫されたものだと考えられています。この架構の最頂部には斜材が置かれ、切妻屋根のような形をしていると考えられてきました。厳密にいえば、「重力軽減の間」の最上階から見上げた下面から類推されたもので、たしかな形状は石材に埋もれて確認することができません。おそらく、クフ王のピラミッド北面に設けられた入口の上部架構などを手がかりに考えられた形状です。

　同様の架構を持つ第5王朝のサフラー王のピラミッド玄室をみてみましょう。[図34]は、この玄室の架構の様子を示したものです。玄室の最上部に、巨大な石材を斜めに積載することで、空間を覆いつつ上部荷重を両脇に逃がす、というアイデアです。この架構のアイデアは、第4王朝にはじまり第5王朝に踏襲されました。この架構法はもちろん迫り出し構法ではなく、木造建築の扠首構造に近いものでしょう。ただ、私たちにとって切妻屋根など三角の形状は見慣れたものですが、古代エジプトではほとんど雨がないた

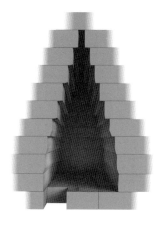

[図31] メイドゥムのピラミッド（前2600年頃）と玄室の様子

メイドゥムの崩壊ピラミッドは、第3王朝末期から第4王朝にかけてつくられ、スネフェル王の時代に完成した最初の「真正ピラミッド」である。再三の拡大工事の結果、四角錐の姿に到達したが現在は崩壊している。玄室には迫り出し構法を用いた架構がみられる。この構法は、［図35］（35頁）のクフ王のピラミッド大回廊にも使われている

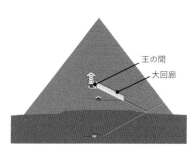

[図32] クフ王のピラミッド（前2550年頃）の3つの玄室

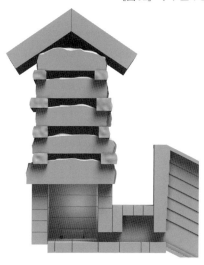

[図33] クフ王のピラミッド玄室の架構　　　[図34] サフラー王のピラミッド（前2500年頃）玄室の架構

クフ王のピラミッド玄室［図33］や第5王朝サフラー王のピラミッド玄室［図34］では、大きな斜材を重ねることで玄室の空間を確保している。またクフ王のピラミッド玄室では、この架構を櫓のように玄室から持ち上げることで、巨大な上部荷重の分散を図っている

め勾配のある屋根がつくられた形跡がみられません。したがってこの形状は、石造の架構として独自に工夫された、エジプト建築にとって特別な構造であったと思います。

　さて、クフ王のピラミッドでは、扠首構造のような架構ばかりでなく、メイドゥムのピラミッドにみられた迫り出し構法も採用しています。それは「王の間」へ続く「大回廊」にみることができます［図35・36］。大回廊の壁面は迫り出しの石材で構成されていますが、［図36］に示したように、迫り出す長さがごくわずかなものです。メイドゥムのピラミッドのように、内部空間の最上部がずいぶん狭くなることは、迫り出し構法の通常の納まりです。ところが大回廊の最上部では、壁面のあいだに比較的大きな距離が残され、石材の下面を平坦に整形して空間の上限を区画しています。このため、迫り出し構法全体が現れているとみるには、大回廊最上部の幅が大き過ぎるように思えます。

　したがって内部空間を区画する最上部材は、おそらく天井として設けられた部材で、玄室で平天井を形成した考え方と同じ扱いだと思われます。壁面の迫り出しの様子からみて、天井を形成する部材の上にも同じような構法で昇るほど狭くなっていく背の高い空隙が隠れているのではないか、と想像されます。

　いずれの架構法も、上部の荷重を直下の空間の両外側に誘導することで、架構の安定を保とうとしています。そして迫り出し構法は、上部荷重が大きいと、思いのほか背の高い空間になってしまうことがわかります。

2. 地中海周辺

　古代ローマが版図を広げ、地中海を支配してアーチ構法を多用するようになるまで、地中海の周囲でも迫り出し構法が盛んに使われていました。ミケーネ文明の古例や現代の近東にその例がみられます。

──── ギリシアの迫り出し構法 ────

　すでにみてきた「アトレウスの宝庫」（前1350年頃）では、［図37］のように墓室がドーム状の空間を形成していますが、この架構は石材を重ねた迫り出し構法によるものです。この時代の墳墓はトロスと呼ばれ、大小さまざまな規模のものが発掘されており、いずれも直線的な進入路と迫り出し構法のドームで構成されています。

　おそらくこれら墳墓の歴史を踏まえた、古代ギリシアの前400年頃までさかのぼる一群の霊廟があります。その代表的な例は、小アジアのギリシア植民都市ハリカルナッソスに造営されたマウソロスの霊廟です。マウソロスはアケメネス朝ペルシアがこの地を支配したときの州知事で、死後、ギリシアの建築家と彫刻家たちによって彼の霊廟が造営されます。「世界の七不思議」のひとつとされた建築で、巨大な霊廟であったため英語の「マウソレウム（＝巨大墓）」の語源になりました。

　遺址には夥しい石材が散在しますが、手がかりに乏しいためいくつもの復原案が提出されました。いろいろな可能性が考えられますが、［図38］はそれらのひとつ、バニスター・フレッチャーの推定案を図示したものです。根拠の曖昧な点も多い案ですが、迫り

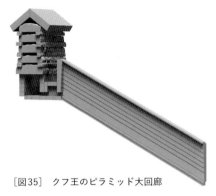

［図35］　クフ王のピラミッド大回廊

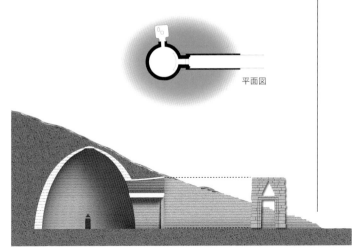

平面図

［図37］　アトレウスの宝庫平面図（上）と断面図（下）
ピラミッド時代の1000年後の古代ギリシアでも、
墳墓に迫り出し構法が採用されている。ただ、この
時代の墳墓はエジプトの迫り出し構法と異なり、積
層がゆるやかに湾曲した形状をとっている

［図38］　マウソロスの霊廟復原図[1)]

［図36］　クフ王のピラミッド大回廊内観

出し構法で復原している点が注目されます。

　後の章で述べるように、古代ギリシアの神殿は、前600年代の終わり頃を境に木造瓦葺の神殿から石造神殿へと移行していきました。この時期以後、躯体に限れば石造化を実現したのですが、木造の小屋組に瓦を葺く構成が長く続くことになります。木造小屋組を廃してレンガとコンクリートなどを用いて空間を覆うようになるのは、およそ前100年頃からで、これは古代ローマ建築の架構技術です。そのような古代技術の推移をみれば、マウソロスの霊廟が前350年頃の時期に、建築すべてを石造化して木造小屋組を廃してみせたとすれば、おおいに注目を集めたことは十分に想像できることです。このことが「世界の七不思議」に数えられた主要な理由であったとも考えられます。したがって［図38］は不確かで想像の含まれた復原案ですが、迫り出し構法を採用したという提案は妥当性のある推定と思われます。

　迫り出し構法でつくられたとすれば、墳墓に使われたミケーネ文明以来の伝統構法を採用し、同様の墓室空間を再現することがこの霊廟のテーマであったのかもしれません。

　古代ローマが地中海世界を支配するようになると石材、レンガ、コンクリートなどを用いたアーチ構法と後述するヴォールトやドームの架構が主流になります。しかしごく限られた範囲ですが、地中海周辺には継承された迫り出し構法が残っています。観光地として知られるイタリア半島のアルベルベッロの住居群［図39］は、そのような例のひとつです。基本となる形状は、正方形の平面を囲む壁体の上に粗く整形した石材を、徐々に円錐形になるよう丹念に積み上げたものです。屋根表面を覆う石材は葺材として積まれたもので、内側にはより大きな石材を、同じく迫り出し構法を用いて積んでいます。

　アルベルベッロの迫り出し構法は、11世紀以後のトルコ軍の駐留時にはじまったと考えられています。近東では、シリアとトルコの国境周辺に同様の架構を持つ住居群がいくつも残っており、［図40］のように集落単位で同じような住居が並んでいます。石材を迫り出し構法で積み上げ、葺材として土を塗布したものです。所々に石材が突き出ていますが、土を塗布した屋根面を定期的に補修するための足場だといわれています。全体として紡錘形のシルエットをみせていますが、このような形状が現れる理由については後にとりあげましょう。

　地中海東岸の周囲に残る迫り出し構法は、先史ギリシア時代にすでに使われており、マウソロスの霊廟ばかりでなくのちの古代ギリシアにおいても霊廟などに使われる構法でした。したがって古代ローマが台頭するまで、地中海周辺では数少ない石造やレンガ造の壁構造の建築は、木造小屋組を持つか、あるいは迫り出し構法が主流でした。しかし古代ローマが版図を拡大すると、地中海の建築はアーチ構造に入れ替わっていきます。世界的にみて、別系統の構法が交代するような事件は、近代以前にはあまり例のないことだと思います。

[図39]　アルベルベッロの住居群

[図40]　シリア・トルコ国境周辺の住居

迫り出し構法は現在でも地中海の各地に残っている。トルコとシリアの国境付近には、伝統的な住宅建築として残っており［図40］、イタリア半島（アルベルベッロ）にも同系統の構法が残る［図39］。ただ、イタリアの事例は11世紀になってトルコから伝えられた構法と考えられている

　とはいえ霊廟建築に限れば、古代ローマの時期に入ってもアーチ構造を使わない事例が残りました。[図41]は、トルコのミュラサ（ミラース）に建つ霊廟建築です。この霊廟は2世紀頃の建築で、古代ローマのアーチ構造が普及した後に造営されました。2層構成のうち下層を墓室とし、上層にモニュメンタルな吹き放しの空間を載せています。

　上層の屋蓋（おくがい）にみられる架構法に注目しましょう。[図42・43]は屋根（天井）の見上図ですが、四隅に三角形の空隙が開いています。この原因は、石造梁を隅に斜めに架けて屋根架構をつくろうとしたためです。その技法は、まず最下部に正方形平面になるよう柱上に桁を架け、その四隅に斜めに跨がる梁とともに八角形平面の輪郭に添った梁を構成します。そしてその斜材の中央に角を載せるひと回り小さな正方形を形成するように、さらに石造梁を載せます。正方形を縮小しつつ45度回転させて積載するという過程を繰り返し、徐々に屋根の中央を覆っていくというアイデアです。このような架構を「ラテルネンデッケ」と呼ぶことがあります[2]。

　ミュラサの霊廟建築では[図44]のように、柱上に直接載る桁の上に、それぞれ縮小と回転を繰り返して5段の石梁を重ねていますが、これだけでは各所に三角形の空隙が開いたままになります。そこで[図45]のように、石梁の形状を工夫して横長台形の形をつくり、これを組み合わせて各所に開く三角形の空隙を埋めています。

　このように、水平梁を四辺とする正方形の枠組を使い、ひと回り小さくしては回転させて積み重ねて空間を覆うというアイデアは、迫り出し構法でもアーチ構法でもない架構法です。ただ、同じアイデアでつくられた疑似ドームというべき屋根架構は、のちの時代のインドやスリランカの石造建築、中央アジアや中国建築の木造天井、北欧の木造架構など、世界各地でみることができます。

　架構の特徴は、たんに梁を重ねていくごく単純なものです。このため木造建築でも石造建築でも十分に成立できるアイデアであり、梁を使う以上おおもとのアイデアは木造に起源を持つようです。とはいえ、比較的短い梁を使う架構のため、相対的に石造梁にも適した架構とも思われます。木造梁の場合、長材を入手することが容易ですので、意図して疑似ドーム状の内観をめざす場合でなければ、このような架構法をわざわざ採用する必然性に乏しいとも考えられるためです。

　このように例外的な架構法が、ミュラサの霊廟で採用された原因ははっきりしません。しかし古代ローマの時代に入ってアーチ構造がよく使われるようになっても、古代ギリシア以来の迫り出し構法の記憶が残されていました。この霊廟建築は、古代ギリシアから古代ローマへ至る過程で起きた、架構の技法が交代していく境界のような時期に生まれています。短い梁で架構を組み立てようとすれば、すぐにも思いつきそうな素朴なアイデアで、特別な工夫を要するものでもありません。しかし、前後の時代に支配的であったいずれの架構にも属さない、変遷の途上に現れた地中海の希少な例として、注目しておきたいアイデアです。

下層平面図　　　　　　上層平面図

［図41］　ミュラサの霊廟建築（2世紀頃）

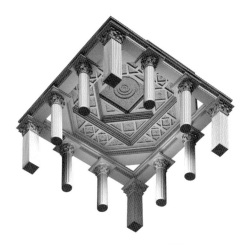

［図42］　ミュラサの霊廟天井構成1

［図43］　ミュラサの霊廟天井構成2

古代ローマの時代、トルコのミュラサに建てられた霊廟は、短い梁を斜めに架け渡す工夫によって空間を覆う天蓋を形成している。この構法は部材を水平に配置する点が迫り出し構法と共通した特徴だが、梁様の部材を架け渡す異質な構法である。ミュラサの霊廟は梁の形状に工夫を加え、屋根の機能も備えたものにしている

［図44］　石造梁の架構の考え方

［図45］　屋根材を兼ねる石造梁

1. 南アジアの宗教建築

　南アジアの宗教建築は、他の古代文明に比べて遅い時期に成立します。その原因は、古代のアーリア族の宗教が恒常的な施設を持とうとしなかったためです。彼らは火種を壺などに入れて持ち歩き、草原で火を燃して儀式を行い、神像を祀る習慣を侮蔑していた、という記録が古代ギリシアの歴史家ヘロドトス（前490年頃〜420年頃）の著書『歴史』に記されています。

　インドに移住したアーリア族の祭祀階級であるバラモンたちも、儀式のたびに戸外に簡易な祭場を設営し、儀式が終わると跡が残らないように撤去する風習を保っていました。したがって特別な宗教施設を持たない習慣は、西アジアとインド亜大陸に共通するものでした。ところが3世紀中頃にアショカ王がインド亜大陸全域を支配した時期、この王に擁護された仏教が僧院をつくるようになります。そしてアショカ王は、インド各地に仏陀を記念するストゥーパ（仏塔。仏舎利を納置した施設）を造営しました。さらに2世紀頃に仏像をつくる（造仏）風習が現れ、これを祀るために仏堂がつくられるようになります。また一方、バラモンの宗教が民衆化したヒンドゥー教も仏教の影響を受けて神像をつくるようになり、祠堂を造営するようになりました。当初の様子がわかる事例はほとんど残っていません。おそらく初期には木造を主体とした施設がつくられたようで、時代が下るにつれてレンガ造や石造の寺院建築が徐々に現れます。

　木材の豊富な南アジアの建築がレンガ造や石造に置き換わっていった理由は、当時の木造建築が短命であったためだと思われます。仏陀や不死の神々にふさわしい建築は、現実はともかく理念として永遠の存在であることが求められたことで、レンガや石材を用いた建築が造営されるようになったと考えられますが、またここには、特別な施設をつくることで王権の力を示す、という意図も含まれていました。壮大な寺院建築の造営は王権の力量を端的に表すものと考えられたためでしょう。

2. 塔状化する祠堂

　南アジアでは、石材やレンガを用いることで建築の恒久性を実現していきました。ヒンドゥー教の神像、とくにシヴァ・リンガなどの本尊は、一度祀られると原則としてその場から移動しません。祠堂が改築されるときには本尊を動かさずに新祠堂をつくるため前身の祠堂が残る機会がなく、インドでは初期の例がみあたりません。このため、ヒンドゥー教国であったプレ・アンコール期のクメール王国の首都、サンボー・プレイ・クックに建つ小祠堂、アシュラマ・マハー・ロセイ（7世紀頃）［図46］を例にあげて考えてみましょう。この祠堂は壁、柱、屋根の3種類の部材を、大ぶりの砂岩を用いてそれぞれ一材でつくり出し、これらを組み合わせて構築しています［図47］。とくに屋根は1枚の大材を用いています。このような造営法では、手に入る大材の大きさによって祠

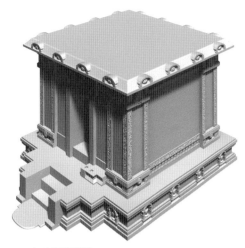

[図46]　アシュラマ・マハー・ロセイ（7世紀頃）

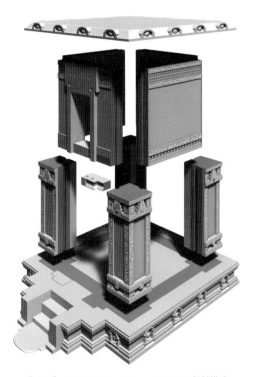

[図47]　アシュラマ・マハー・ロセイの部材構成

　プレ・アンコール期、7世紀の造営と考えられているアシュラマ・マハー・ロセイは現存最古
のクメール祠堂のひとつ。小規模な石造遺構だが構成部材一つひとつが大材で構成され屋根を
一材で構築する点が注目される。つまりこの祠堂の規模は、石材として入手可能な屋根材の大
きさに支配されている。このためこの構法では、これ以上規模を拡大することが難しかった

堂の規模が制限を受けてしまいます。このためのちの時代には、祠堂の規模の拡大に対応してレンガ造の迫り出し構法を用いた祠堂が主流になっていきます。

　10世紀前半にわずかな期間首都であったコー・ケーに残るプラサート・ネアン・クマウ［図48］の中央祠堂はラテライトでつくられ、現在でも上層がよく残っています。建立年代は不明ですが、簡素な矩形平面の様子から10世紀初頭前後にさかのぼるようです。しかし祠堂の姿は、10世紀中頃を過ぎると［図49］のバンテアイ・スレイの祠堂（960年頃）のように入口構とその周囲が突出して顕著な凹凸のある平面に変わっていきました。この頃から石材を多用するようになり、［図50］のアンコール・ワットの祠堂（12世紀前半）では、いっそう凹凸の激しい複雑な平面形状へと変化していきます。この理由について考えてみましょう。

　迫り出し構法の塔は、壁体上に積載するレンガや石材ブロックを建物の中央に向かって迫り出していったとき、その長さが小さければ小さいほど個々のブロックが安定します。このため個々のブロックの安定を求めて積載すれば、積載ブロックの段数が増えて背の高い塔状建築になり、積載荷重も増加することは必然的なことです。

　塔状の重量のある屋根を載せたことで、初層の壁体には外に向かって倒れようとする力が働きます。この力を受けた四面の壁体は、構造学でいう、壁体の頂部にかかる外に広がろうとする水平方向の力、スラストがかかる状態です。このため四面の壁体は、4弁の花が空に向かって開くような変形が起こることになります。

　［図51］は、迫り出し構法の塔が崩壊していく過程を単純化しモデル化したものです。わかりやすいように下部の壁体と上部で濃度を変えています。上部の積載荷重が原因で足元を回転の中心として壁体上部に外へ押し出す力が加わります。壁体上部の位置が変わると、その上に載る各材が位置をずらして一挙に不安定になっていく、という様子を示しています。この過程では、上方の構成材一つひとつが不安定な状態になって位置をずらし、いったん崩落がはじまると破砕材が建物内部に山積みになります。

　［図52］は、コー・ケーに残るプラサート・ダムレイ（9世紀末頃）という寺院の中央祠堂、レンガ造の遺構です。入口両側の壁体に縦に大きな亀裂が入っていますが、いずれも側面の壁体が剥離して外に向かって倒れ出した結果現れたものです。ただ、向かって左の側面壁体は、足元の背の低い基壇（上部基壇）ごと外に押し出されている状態が現れています。

　上部架構は崩壊し失われていますが、その積載荷重に基壇も壁体も耐えられず、壁体が外に押し広げられてしまったことで迫り出し部材が不安定になって崩壊した、という経緯がよくわかります。この事例では、壁体直下の上部基壇ばかりかその下の大きな下部基壇も、ともに端に行くほど沈む様子が観察されます。つまりふたつの基壇ごと、外に押し出されているのです。

　［図53］のふたつの塔の図は、9世紀から10世紀にわたるクメール建築の祠堂の変遷を示しています。そして［図54］は、12世紀初頭に造営されたトマノン寺院の祠堂です。当初、クメールの祠堂はごく簡素な矩形（正方形が多い）平面の4辺中央に入口構を設

[図48]　プラサート・ネアン・クマウ中央祠堂
（10世紀初頭頃）

ラテライトは鉄やアルミニウムなどの金属を多く含ん
だ土と石の中間の物質。砂岩ほどではないが十分に硬
度があり、クメール建築ではレンガ造から石造へ至る
途上で主要建築材料として多用された。とくにコー・
ケーには、10世紀前半までに造営されたラテライト
造建築が数多く残されている

[図49]　バンテアイ・スレイの祠堂（960年頃）

[図50]　アンコール・ワット中央
祠堂（12世紀前半）

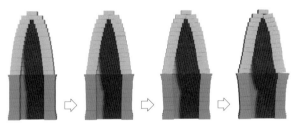

[図51]　塔状祠堂の崩壊モデル

[図52]　プラサート・ダムレイ（9世紀末頃）

迫り出し構法の安定を求めてブロックの梯出を小さくとれば祠堂は
高さを増していくが、上部荷重の増加は祠堂下部の壁体を外に倒そ
うとする力を増大させる［図51］。プラサート・ダムレイ［図52］
では上部荷重によって壁体が押し出され、亀裂が生じている

けるという形式でした。多くは本物の入口をひとつだけ持ち、他の三面の入口構は壁面に施された装飾です。そしてその四方の入口構の周囲に柱型をつくり出してリンテル（入口上部に載る背の高い梁材。繊細な彫刻が施される）を載せ、壁面から少しだけ突出させる構成でした［図53左］。

　建物の規模が大きくなり、上部の積載荷重が増加するにしたがって崩壊を防ぐための工夫が求められます。その工夫は、四面それぞれの壁体中央部で壁を一段と厚くとることで、上部荷重の増加による外への倒れ込みを抑えようとするものです。その方策は中央部の壁を厚くとり、さらに前方へ一段と踏み出した入口構を設けるものでした。この結果、［図53右］や［図49］のバンテアイ・スレイの祠堂のように、入口構とその周辺の壁体が前方に大きく突出する傾向が現れます。この傾向は［図53］の平面図から明らかなように、平面の形状を複雑化させ、結果的に円や正八角形の輪郭に近づくことで、壁体が外に倒れ込もうとする動きを抑制しようとしています。

　ここまでの発達が一段落したあと、クメール建築では11世紀前半のうちに、四方に突き出した前室が出現します。早い時期で建立年代が比較的たしかな遺構はバッタンバンのワット・エク・プノム寺院の祠堂です。この遺構は1036年頃の造営と考えられていますが、現在は初層を残し上部が崩壊しています。

　［図54］のトマノン寺院の祠堂は、東の前室を拝殿との接続部（アンタラーラ＝作 合<ruby>作</ruby>。<ruby>つくりあい</ruby>平面図の上方向）として扱いますが、他の三面に付属した前室は、中央祠堂室内へ直接入るためのアプローチのようです。ところが前室の奥壁につくられた入口構は装飾として扉形を模した石造壁にすぎず、室内に入ることができません。祠堂の中には拝殿を通過する以外、入ることのできない構成です。このため祠堂の3面に施設された前室は、装飾的な部位として附設されたもののようにもみえます。ところがこの前室は、中央の塔状祠堂を周囲から押さえ、下部の壁体が外に向かって倒れようとする力に対抗する、一種の控壁（バットレス）として機能しています。

　［図55］は、トマノン寺院の中央祠堂と、この祠堂から前室とその基壇を取りのぞいた図です。祠堂本体の姿は、壁体中央部を前方に突出させ、さらにここに入口構を加えていますが、この姿は、たとえば前室のなかった最末期に造営された遺構サドック・コック・トム寺院中央祠堂（10世紀後期［図56］）に大変よく似ています。このことは、トマノンの祠堂本体の構成が、先行する祠堂で実現した構成をほぼそのまま踏襲したものであり、ここに、新たに四面に前室や拝殿接続部を加えたものであったことを示しています。つまりアイデアは組み替えられたものではなく、加えられたものであったことがわかります。ただ、前室を施設するため初層がやや高く伸びて細身に変形する傾向も認められます。

　クメール建築では、このように前室を付属させるという構造上の工夫が現れてはじめて、アンコール・ワット中央祠堂［図50］のような巨大な塔状祠堂を構築することが可能になりました。なお、アンコール・ワット中央祠堂では、中央に構造体を持ってその東西南北それぞれに尊像を安置し、背の高い前室と低い前室を前後に連ねて四方に伸ば

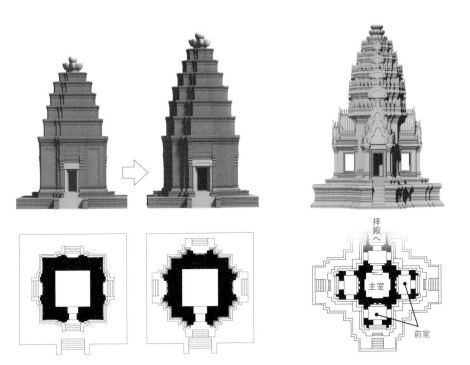

[図53]　9〜10世紀頃のクメール建築レンガ造祠堂

[図54]　トマノン寺院中央祠堂（12世紀初頭）

　クメール建築の塔状祠堂は、時代が下るにつれて徐々に複雑な平面へと変化した。9世紀頃にはほとんど正方形であった平面は、4辺の中央が徐々に突出するようになり［図53］、12世紀には前室が付属するようになる［図54］。これらの変化は、迫り出し構法による塔状の祠堂を安定させようとする工夫に起因したものであった

[図55]　トマノン寺院中央祠堂の構成

[図56]　サドック・コック・トム寺院中央祠堂（10世紀後期）

　前室を除いたトマノンの中央祠堂［図55］とサドック・コック・トムの中央祠堂［図56］を比較すると、塔の四面に前室を付属させるアイデアが、平面を複雑化する一連の発達過程が一段落したのちに現れたことがわかる。四方に前室を付設するアイデアは、アンコール・ワット［図50］のような巨大な祠堂の構築を可能にした

し、さらに前室の先に四方へ伸びる回廊を接続させています。本体を支持するために四面に前室を付属させるアイデアは、インドのヒンドゥー教寺院建築にはあまりみられないクメール寺院建築の特徴です。

3. インドの塔状祠堂

一方、インドでは少し違った工夫がみられます。［図57］は、その工夫の発達過程を示した図です。左端の図のように、まず、クメール建築と同様に、壁体の中央部に厚みを持たせた凹凸のある平面形状が現れます。その後、背の高い塔状の積載荷重が引き起こす、下部の壁体を横方向に押し倒そうとする力に対抗するため、ひと回り小さな祠堂を縦に半分に割ったような形状の壁体を控壁として四方の壁面に付設する、というアイデアが生まれました（実際の壁体は一体でつくられています）。この発達過程は、祠堂の規模の拡大と対応しているようです。比較的小さな祠堂では簡易なままのシルエット（たとえば［図57］左端）が繰り返され、大規模なものほど［図57］右端のように複雑に組み合わされた控壁が観察されます。

四面中央の壁面を突出させ、バットレスとして機能させようというアイデアはクメール建築と同様ですが、本体の祠堂をモティーフとした形を次々に縮小させながら、これらを幾重にも重ねて複雑なシルエットをつくり出しています。

4. 類似するシルエット

インドとクメールそれぞれの文明が生み出したシルエットはそれぞれの魅力を持っていますが、デザインの方向がやや似ている原因は、ふたつのデザインが同一の問題への対処として考えられたためです。迫り出し構法で空間を覆えば、背が高く上部荷重の大きな塔状建築にならざるを得ず、そのうえでこの架構をより安定したものにするにはどうすればいいのか、という問題です。異なるシルエットが現れた原因は、この問題に対するそれぞれの文明の答え方に由来するものです。建築材料と構法が抱えた必然に起因する問題に対し、それぞれの文明によってそれぞれに工夫された回答がみられる点も、歴史的な建築デザインがみせる魅力のひとつです。

5. 横長建物を覆う迫り出し構法

アジアの迫り出し構法は、少し時代が下ると横長の建物にも使われるようになります。その例としてクメール建築の回廊をとりあげましょう。その初期の例は、［図58］ピメアナカス寺院の回廊です。

大規模な伽藍を構成するクメール寺院は、アンコール・ワットなどのように二重から三重にめぐらせた回廊を備えています。これらの回廊は、四方に設置された入口建物と四隅に配置された隅建物とのあいだをつなぎ、全体で聖域を取り囲む施設です。

南アジアや東南アジアの初期の伽藍では、本尊を祀る祠堂だけがレンガ造の建築で、周囲の付属施設は木造建築でした。ところが時代が下って石造化する過程と並行して、

[図57] モデル化した北インドの塔状祠堂の発達過程

インドの塔状祠堂の例。左端の塔状の姿をもとに、これを縮小して半割とした
形状をその四面に加え、同様の操作を繰り返して右端のような複雑な形状をつ
くっている。装飾のようにもみえるが、屋蓋の荷重によって下方壁体にスラス
トがかかるため、外壁の四辺中央を厚くとることで壁体を外に押し倒す力に対
抗しようとする。図は左から右へ、祠堂規模の拡大への対応も示している

[図58] ピメアナカス寺院回廊(1000年頃)の屋根

ピメアナカスの回廊は、石材で屋根を構築した回廊の初期の例。狭小な回廊に、
迫り出し構法を用いて3段の石材を重ねている。屋根面はそれとわかる瓦の形
状を丁寧につくり出し、屋根勾配を軒先に向かってゆるくとる点も、ももとな
った木造瓦葺屋根の姿をモデルにしたことがわかる

付属建築も石造やレンガ造に置き換わっていきます。

　クメール建築では、10世紀に入る頃には拝殿と聖域を囲む周壁、そしてその周壁に付属するゴープラなどが材質を変え、木造の付属施設も小屋組を残して下部を石造化していきます。そして1000年を過ぎると、[図58]のピメアナカス寺院の小規模な回廊などで、最初の石造の屋根架構が試みられました。ピメアナカスの回廊屋根では瓦形がつくり出されており、屋根勾配も軒先に向かってわずかな「反り」をみせています。木造瓦葺屋根の特徴を写したものでしょう。このような試行を契機として、ついに伽藍内の建物すべてが石造化していきます。ここで試みられた屋根の石造化の方法も、塔状祠堂と同じく迫り出し構法を使い続けています。[図59]は、アンコール・ワット（12世紀前半）とほぼ同時に造営されたベン・メアレア寺院の外の回廊と内の回廊の様子です。石造屋根が迫り出し構法で構築されている様子がよくわかります。なお、[図60]はベン・メアレア寺院の伽藍中央部の実測平面図（JSA作成）です。回廊を三重にめぐらす伽藍構成ですが、アンコール・ワットと同じく特別な寺院であったことを物語っています。

　[図61]は疑似窓を並べた壁構造の回廊の例です。ベン・メアレア寺院の最奥の小規模な回廊をモデルにしたものです。クメール建築では、ときに連子窓の背後に壁を持つ擬似窓が使われました。遺構によってはいったん連子窓を設けながら、あとになって構造の補強のために連子子の背後に石材ブロックを積んで壁体としてしまう例もみられます。モデルの回廊は迫り出し構法を用いて内外ふたつの壁の上に部材を重ね、最上部で跨るように1個の石材ブロックを積載し、屋根を構築しています。屋根を構成する石材の段数は、フリーズ（軒形状を持つ壁体最上部材）の上に5段ほどの石材を重ねる例が最も多くみられます。しかし12世紀末頃にはじまるバイヨン期になると、多いものでは7段ほどの石材を積むものも出てきます。

　2枚の壁体に跨って載る屋根架構は、構造的に最も安定している例です。しかし、一方を柱と梁で構成する回廊も、大伽藍の外周などの大きな回廊で採用されています。とはいえ、[図62]のように柱列を1列とする例はみられません。柱と梁で構成された回廊は、アンコール・ワットやベン・メアレア、コンポン・スヴァイのプレア・カーンなどいずれの寺院も、[図63]のように柱列の側に付属構造を加えて柱列を内外2列とすることが通例です。この構成をとる理由は、単体の柱列では上部荷重に対抗しきれず、スラストがかかって柱頭が外に向かって容易に押し倒されてしまうためです。このため、付属構造（庇）の柱列を加え、主柱（身舎柱）と繋梁で接続することで、一種のバットレスとして機能することが期待されました。本体の柱列のスラストによる倒れ込みを外側から抑えようというアイデアです。

　柱列を持つ回廊は、本体の柱と付属の柱を石造の短い繋梁でつなぐ、あるいは身舎柱の一部から梁をつくり出して付属の柱と接続する、などの工夫が凝らされており、付属構造をバットレスとして機能させようとする意図がよくわかります。形状は異なりますが、その考え方は塔状祠堂の四方に前室を付設したアイデアに似ています。

　[図64]の架構は、両側面ともに柱と梁で構成した例です。事例は多くありませんが、

[図59] ベン・メアレア寺院（12世紀前半）の崩壊した外回廊と内回廊
左図は隅建物に接続する外回廊の様子。迫り出し構法による屋根の様子がわかる。右図は三重に囲む回廊のうち最も内側の回廊。屋根も含めて損傷が少なく、建立当初の姿がよく残されている。屋根面の仕様は、初期の丸瓦の姿から離れて並列する帯状の装飾に変化しているが、軒先に並ぶ瓦当形の存在が、瓦葺に起源を持つ装飾であることを物語っている

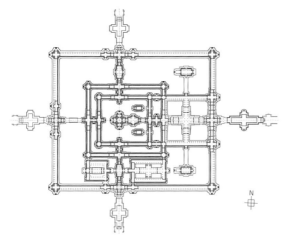

[図60] ベン・メアレア寺院中央部平面図

[図61] 壁構造の回廊

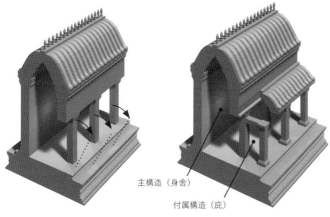

主構造（身舎）

付属構造（庇）

[図62] 一方を柱列とした架構（実例なし）　[図63] 柱列に付属構造を加えた架構

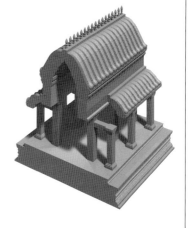

[図64] 両側面に付属構造を加えた架構

回廊の迫り出し構造では、平行して建つ2枚の壁体上に石材ブロックを積載する架構がみられるが［図61］、一方を1列の柱構造とする［図62］のような構成はみられない。この理由は柱列上部にかかるスラストのためで、これを抑えるため付属構造体を添えて［図63］や［図64］のような構成をとる必要があった

アンコール・ワットの十字回廊や最上層で中央祠堂に四方からとりつく回廊などに、この構成をみることができます。両側面ともに柱列としたとき、いずれの面も付属構造をともなう理由は、やはり本体の1列の柱列だけでは、屋根荷重によって起こるスラストに耐えられないと考えているためで、壁体に比べて柱列は、かなり脆弱だととらえていたことを示しています。[図65]はコンポン・スヴァイのプレア・カーン寺院の外の回廊です。保存状態が非常に悪いのですが、よく観察すればアンコール・ワットと同様に背面の壁体と、主柱と付属柱の2列の柱筋とで構成された回廊であったことがわかります。

　壁構造に由来する迫り出し構造が、柱・梁構造と合体している様は十分に注目すべき事態です。このような事態は、クメール建築が木材架構の十分な経験の上に、石造建築の経験を重ね、両者の扱いに習熟したことによってはじめて可能になったことだと思われます。同様の特徴は、やはり木造架構の経験が豊かであった南アジアの建築にもみることができます。

　[図66]はベン・メアレア寺院のゴープラ中央室と側室の屋根が崩壊している様子です。壁体上部がごくわずかに動いた結果、屋根を構成するブロックが一挙に不安定になり、建物の中に崩落したことがわかります。迫り出し構造による石材ブロックは、下部の構造体の高さがそろい、水平を保っている間は安定していますが、不同沈下やスラストなどが原因で迫り元（せもと）の高さにわずかでも差が生じると、中央上部で寄りかかりあう均衡が破れて石材ブロックが簡単に動き出します。そして不均衡な荷重のかかり方が最終的に崩落を起こすことになります。このため、バットレスとして側面に付属構造を接続するという架構法は拝殿や経蔵、ゴープラや回廊の側面など各所で採用されています。

　日本建築史の用語でいえば、本体である身舎に庇（屋根を切り分けているため形状は裳階（もこし）に近い）がとりつく、という様相です。建築の用語には個々の様式を超えた普遍的な用語がありません。このため本書では身舎と庇という日本建築の用語を用いて構成を説明しています。

　[図67]はアンコール・ワット正面の長いアプローチの両側にある経蔵のうち、北側の経蔵を対象としたJSAによる解体再構築の工事の様子です。この経蔵にも本体の側面に庇構造が施設されており、その側面の付属（庇）構造の屋根材と主構造の石造桁との接続部を示したものです。この直下に施設された繋梁とともに、本体にかかるスラストを横から抑えるために施設された架構です。迫り出し構造の石材ブロックは、本体の太い桁の側面に腰掛けるように接触しています。付属構造の柱と梁はスラストを抑えることに機能していますが、その屋根は、簡単にさしかけたものであることがわかります。

2·3 ｜ さまざまな姿の塔状建築

1. 紡錘形の塔

　いままでみてきた塔状の建築は、いずれも柔らかな曲線、紡錘形のシルエットを持つ

繋梁の痕跡

身舎柱　　庇柱

柱列構成の復原

[図65]　プレア・カーン寺院外回廊の身舎柱

コンポン・スヴァイのプレア・カーン寺院（大プレア・カーン。ダラニンドラ・ヴァルマンの治世1107 〜 1113年に造営）の外回廊は、背面の壁体が比較的よく残るが、前面の架構と隅建物が崩壊しており、柱列がどのような様子であったのか不明瞭である。しかしよく観察すると、主柱がわずかに残っており、その柱身の上部外側に繋梁の仕口痕跡が認められる。そして崩落部材の中に残る庇柱の柱頭とみられる部材の様子などから、背面に壁を持ち、前面に2列の柱列を持つ構成であったことが推定できる。この回廊の姿は、アンコール・ワットやベン・メアレア寺院の外回廊とよく似た構成を持つものであった

[図66]　ベン・メアレア寺院
中回廊ゴープラ

[図67]　アンコール・ワット経蔵の
主構造と付属構造の接続部

ていました。このシルエットは、地域や文明を超えて世界各地の迫り出し構法の建築で観察することができます。とするとこの形状は、迫り出し構法に付随する必然的な姿だと考えてよさそうです。あらためてアジアの迫り出し構法の建築や地中海世界に残る住居をみてみましょう。

　[図68]は、現存する中国最古の塼塔（焼成レンガ造の塔）で、520年頃に造営された嵩岳寺の仏塔です。大きな修復工事が加えられていますが、初期の姿をよく保っているようです。[図69]は10世紀に建立されたインド・オリッサ州、ブバネーシュワルのムクテーシュワラ寺院、[図70]はアンコール・ワットの中央塔と第1回廊の塔状の隅建物です。インドとカンボジアの塔はいずれも石造の塔です。そして[図71]は、地中海周辺に残る塔状の住居で、イタリアのアルベルベッロの住居とシリアのトルコ国境に近い地域に点在する住居の例です。いずれの住居も正方形か円形平面を持つひとつの部屋にひとつの塔状屋根を載せており、これをいくつかつないで住居としています。アルベルベッロの住居は薄い石材を重ねていますが、一方、中東の事例は、石材ばかりでなく日干レンガを重ねたものも多く、迫り出し構法を用いて屋根をつくり、先に述べたように表面に土や漆喰などを塗布しています。

　寺院建築から住居まで、時代も地域も材料も、そして平面形状も異なった一群の塔状建築は、それぞれプロポーションが異なりますが、並べてみるといずれも紡錘形のシルエットを持っており、この点に関してよく似ていることがわかります。

　[図72]は迫り出し構法のモデルですが、ブロックを極端な位置、限界まで内側に配置して積んだときの様子です。これをモデルとして、上のブロックから順にみていきましょう。最上のブロックを限界まで内側に寄せたとき、これを支える直下のブロックとの位置関係は、最上ブロックの重心の直下に下のブロックの内端が合致する位置[図72左から2番目]、最上ブロックがこれ以上内側に踏み込めば落下するという位置です。次に、このふたつのブロックを支える上から3番目のブロックをみてみましょう。このブロックと上ふたつのブロックとの位置関係は、上に載るふたつのブロック全体の重心の直下に、第3のブロックの内端が重なる位置が限界です。そして、この3つのブロックを支える4番目のブロックの位置も同様に、上の3つのブロック全体の重心直下に、内端が位置する状態を限界とします。

　ブロックを可能なかぎり内側に寄せることをめざすと、以上のような極端な状態が生まれますが、ブロック一つひとつが安定する限界の状態は、少しずつ曲率の変わる曲線のシルエットを生み出すことがわかります。

　このように極端な状態で想定された曲線ですから、正確に合致する例が存在するわけではありません。とはいえこの極端な状態は、迫り出し構法の安定について重要な示唆を与えてくれます。つまり、ブロックを水平に積む迫り出し構法の安定を求めていくと、紡錘形のシルエットにたどり着く、ということです。そして世界各地に残る、数々の紡錘形の迫り出し構法の事例は、紡錘形のシルエットが架構の安定につながることを、経験の積み重ねからよく理解していたことを示しています。

［図68］　嵩岳寺仏塔（520年頃）

［図69］　ムクテーシュワラ寺院（10世紀）

［図70］　アンコール・ワット中央塔と第1（内）回廊隅建物

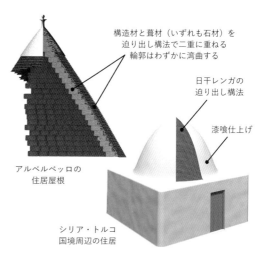

構造材と葺材（いずれも石材）を
迫り出し構法で二重に重ねる
輪郭はわずかに湾曲する

日干レンガの
迫り出し構法

漆喰仕上げ

アルベルベッロの
住居屋根

シリア・トルコ
国境周辺の住居

［図71］　地中海周辺の迫り出し構造の住居

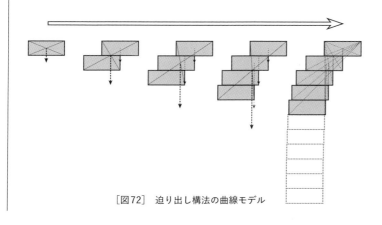

［図72］　迫り出し構法の曲線モデル

世界各地の迫り出し構法の塔状建築は、それぞれの個性を保ちながらもゆるやかに膨らむ紡錘形のシルエットをみせている。この形状は、［図72］に示したブロックの安定の限界モデルのように、迫り出し構造のブロック一つひとつの安定を求めて積載していくと、ほぼ必然的にたどり着く形状である。いずれの文明も同じ結論にたどり着き、よく似たシルエットを生むことになった

2.その他の塔の形状

　日本や東アジアの塔状建築については、その形状を大きくふたつに区分してそれぞれ「簷塔」と「層塔」と呼ばれています。「簷塔」は、日本の木造塔では唯一の例である談山神社十三重塔（享禄5年、1532）があります。初層は他の塔と同様に細部まで丁寧につくられていますが、二重から上の層では十三重もの軒を間隔をおかずに重ねています。一方「層塔」は、日本の五重塔や三重塔がこの区分に属します。いずれも初重の構成をやや小さくしたような上重をつくり、これを繰り返して順に重ねた構成です。この塔の分類は、以上のように日本や東アジアの塔を念頭においた分類ですが、迫り出し構法の塔の分類にも有用な手がかりだと思われます。

　南アジアの祠堂を中心に迫り出し構法の事例をみていくと、塔状化した形状は［図73］のふたつの形状とのちに述べる［図75］のような形状を合わせ、大まかに3つの形態に区分できると考えられます。［図73］左の図は、すでに述べた迫り出し構法の典型的なシルエットです。このようにゆるく湾曲して紡錘形を呈する塔では、［図68］の嵩岳寺仏塔や［図70］のアンコール・ワット中央塔や隅建物などが「簷塔」に分類できる形状ですが、［図69］の北インドの寺院のように、軒らしい軒を持たない場合もこの区分に属するものととらえておきましょう。

　一方「層塔」の姿は、クメール建築のプラサート・チェンの南塔（10世紀の第1四半期頃）［図74］などにみることができます。この寺院は東を正面とし、南北に長い大基壇の上に、やや規模の大きな塔を中央に配置し、南北に1基ずつ計3基の塔を1列に配置しています。［図74］はこのうち南に位置する塔で、おそらく隣接する中央塔が崩壊したときに北面に衝撃を受け、塔の南半分が剝がれるように崩落してしまったものです。

　まるで断面図のような姿のおかげで、塔のシルエットがよくわかります。この塔の輪郭は5つの層を重ねた「層塔」です。各層上面の外端をつないでみると、やや不明瞭ながらその引き通し線は直線ではなく、紡錘形の輪郭を持っていることがわかります。したがって、一見してわかりにくいのですが、層塔であっても紡錘形の姿が潜在していることがわかります。

　「簷塔」と「層塔」を手がかりとしたふたつの塔の姿は、一見して大きく異なるもののようです。しかし、「層塔」のシルエットも紡錘形の輪郭に合わせて各層の逓減を制御しているとみえますから、いずれも同じような考え方、前述した成熟した迫り出し構法の特徴にしたがって考えられたシルエットといってよいでしょう。

　ところが南アジアには、迫り出し構法を用いながらも紡錘形とはみえない、直線的な姿を持つ塔が各地にみられます。代表例としてブリハディーシュワラ寺院の中央祠堂［図75］をみてみましょう。この寺院は、南インドのチョーラ王朝の最盛期に在位した、ラージェンドラ1世（在位1012〜1044年頃）によって建立された国家を代表する寺院で、巨大な中央祠堂を擁しています。

　中央祠堂の姿は、あたかも立方体の上に勾配のきついピラミッドを載せたようなシル

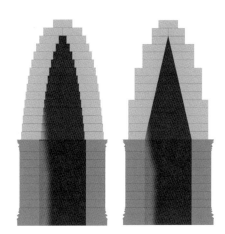

［図73］　迫り出し構法のふたつの形式

［図74］　プラサート・チェン南塔（10世紀初頭）

層塔形式の塔は紡錘形の輪郭が曖昧なものが多い。各重が大きくそれぞれの輪郭がはっきりしているため簷塔に比べてわかりにくいが、各重の外角をたどってみれば、紡錘形に類する輪郭を持つことがわかる

［図75］　ブリハディーシュワラ寺院中央祠堂（11世紀初頭）

エットで、いままでみてきた迫り出し構法の輪郭とは趣きが異なります。しかしこの塔は、中央の聖室を区画する壁体を内部に構築することで、安定した迫り出し構造として成立しています。そしてこの内壁の外周は遶道（本尊の周囲を右回りにめぐるルート）として礼拝の機能に寄与しています。

　この祠堂は中央の聖室を区画する壁と上部架構とでいったん完結した構造体を形成しており、その外を取り巻く遶道の空間を覆う構造体は、中央の塔を四周から支えるバットレスとして機能している、いわば付属の構造体です。しかし一体のものとして構築されたことでわかりにくくなっています。

　チョーラ王朝は、このような構造を選択したことで巨大な祠堂、異例の高さの塔を構築しました。そして、中央の構造体と四周の付属構造体を一体としたことによって、紡錘形のシルエットを持たずに直線的で勾配の強い独特のシルエットを生み出すことになりました。

2・4 ｜ 迫り出し構法の建築

　世界各地に残る迫り出し構法の事例をみてきました。アーチ構法は隋代の中国に伝わっていますので、このことを考慮すると、迫り出し構法は南アジア、東南アジアの地域に限定された構法のようにも思われます。しかし、アーチ構法が広がる以前には、地中海周辺でも一般的な構法で、その気配は今日まで残されてきました。アルベルベッロの住居形態が示す構法は、11世紀にトルコがイタリア半島に進出した時期に伝えられたと考えられており、いまも残るトルコやシリアの住居と同じ祖先に連なる構法です。

　また迫り出し構法は、アジアではおそらくインドを嚆矢としておもにヒンドゥー教とともにその中心的な祠堂の構築法として、東南アジアの島嶼部、大陸部いずれにも展開していきました。そしてたとえばクメール建築のように、石造の柱・梁構造と迫り出し構法とを重ね合わせるという、世界的にみてあまり例のない独特の架構の展開もみられました。

　これは、樹木の豊富な環境下で発達した木造架構の経験の上に、レンガ造や石造建築の経験が重ね合わされていったためで、かつて環境に合わせてそれぞれに工夫されたふたつの系統の建築材料とこれにともなう構造、つまり壁構造と柱・梁構造とが、時代を経てひとつの文明のなかに共存するようになり、さらにひとつの建物のなかで組み合わされるまでになったことを意味しています。

　とくに東南アジアでは、専制国家を統べる大王であっても人びとと同じように木造の宮殿や家屋に住しました。一方、不死や長寿の神々の居所である寺院建築は、その存在にふさわしくレンガ造や石造の施設として造営されました。つまり木造建築と石造建築、柱・梁構造と壁構造とは長い期間共存し、それぞれの技術が並行して存在していたという背景があったのです。

　迫り出し構法の発達過程を世界的な視野でみてみると、日干レンガの素朴な住居から

壮大な石造の伽藍に至るまで、意外なほどの広がりと奥行きを持つ構法であったことがわかります。一般に、迫り出し構法は、水平にブロックを重ねながらその位置を少しずつ内側にずらすことで空間を覆う、素朴ともみえる構法です。このため、アーチ構法に劣るかのような印象を与え、また相対的なものですが、やや不安定な架構という印象も与えてきました。しかし、その不安定さを克服するためにさまざまな工夫が重ねられ、成熟した技法が成立していました。この構法を採用し、経験を蓄積していった世界各地の文明は、その成果としてレンガ造や石造の興味深い幾多の記念碑的建築を生み出しています。

　一般に、近代では、迫り出し構法はあまり重要視されてきませんでした。しかしこの構法は、人類が発明したおおいなる架構法のひとつであることに違いありません。私たちは、これらの構法で造営された記念碑的建築について、もっと注目すべきではないかと思います。

註
1）［図38］の復原案は次の文献による。Banister Fletcher, *A HISTORY OF ARCHITECTURE(18th edition)*, University of London, The Athlone Press, pp. 249, 250, 1975.
2）ラテルネンデッケはランタンの上部の形状を指す言葉を比喩としてつくられた用語で、日本語では「三角隅持ち送り」と訳されるが、梁を用いたラテルネンデッケの架構は「持ち送り」に該当しない。

3. アーチを架けて空間を覆う

　アーチ構法にもとづいて考えられた空間を覆う技法は、初期の素朴な技法からはじまり、中世に至って多様な工夫を重ね、複雑な構成を実現していきます。本章では、その様相をみていくことにしましょう。

3·1 ｜ 初期のアーチとヴォールト

　初期に試みられたアーチ構造は、日干レンガでつくられたと考えられています。このため当然のことですが、現在まで残る痕跡はごく限られています。しかし限られた手がかりから、最初のアーチ構造はメソポタミアに現れたと考えられてきました。

1. 迫り出し構法からアーチ構法へ

　［図76］は、ウル第3王朝の領土をチグリス・ユーフラテス河流域からアナトリア半島や地中海沿岸まで大きく拡大したシュルギ王（前2094年〜2047年頃）の王墓入口です。メソポタミアでは、ウル第3王朝に至って官僚体制の整った専制国家が成立したと考えられています。しかしエジプトなど、他の専制国家の王墓と比較すると規模が小さく構成も簡素です。10段ほどの階段で下った先の入口は、レンガ造の迫り出し構法がみられます。そして奥の壁にも、ひと回り小さな迫り出し構造の入口を構えています。小さな入口のほうはレンガ壁で覆われ、封印されていました。図では右半分のレンガ壁を取り去った状態を表しています。最も初期のアーチは、前2000年頃にメソポタミアでつくられた日干レンガの例などが知られていますが、前2000年頃にはまだ、迫り出し構法が使われていたことを示しています。

　エジプトの古都テーベのナイル河西河岸には、背後に王家の谷を控えた場所に、新王国時代のファラオを祀った葬祭殿がいくつか残されています。このうち、ラムセス2世（在位前1290年〜1224年）の葬祭殿は、その背後に日干レンガでつくられた細長いトンネルのような施設を密度濃く並べています。これらは宝物庫であったと考えられています。宝物庫は［図77］のような半円アーチに近い形状のヴォールトを載せ、夥しい数を並列させた施設で、エジプト建築では珍しい架構をみせています。ラムセス2世の時代、エジプトは半世紀のあいだメソポタミア一帯を支配したことがあり、この時期にメソポタミアの架構技術がエジプトにもたらされ、この一群のヴォールト建築が実現したと考えられています。したがって前1200年代の最後の四半期の頃にはメソポタミアでは奥行きのあるアーチ、つまりトンネル・ヴォールトが使われていたことがわかります。

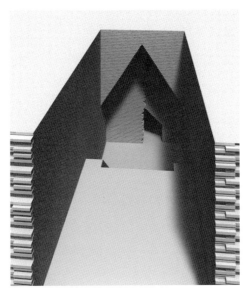

[図76]　シュルギ王王墓入口
前2000年頃につくられたウル第3王朝のシュルギ王の墓所は、焼成レンガ
を用いた迫り出し構法で構築されている。一般にアーチを発明したと考えら
れているメソポタミア文明も、前2000年頃には迫り出し構法を用いる段階
にあったことを示している

[図77]　ラムセス2世葬祭殿（宝物庫）
古代エジプトは、ラムセス2世（前1310年頃～1220年頃）の時代に半世紀
にわたってメソポタミアを支配した。このとき、半円ヴォールトがエジプト
にもたらされたと考えられている。しかしエジプトでは、この時期を例外と
して、以後もヴォールトが使われることはなかった。このヴォールト構造の
施設はラムセス2世葬祭殿の背後に整然と並ぶ「宝物庫」に使われた。日干
レンガ造だが雨の少ない天候のおかげで当初の形状をよく保っている

2. 最初期のヴォールト

　アーチ構法とこれを用いた最も簡易なヴォールトであるトンネル・ヴォールトは、前2000年頃にはすでに存在し、その多くが地下の排水溝などに使われたと推定されてきました。その理由は、両脇の壁上部を外へ押しやる力を与えるアーチ構造が、地下ヴォールトでは埋設されることで、この力に容易に対処できたためでしょう。

　[図78・79]は、バニスター・フレッチャーが紹介しているメソポタミアの暗渠（排水溝）の事例です。都市コルサバード（前700年の直前につくられた都市）で発掘されたもので、排水には焼成の陶管が使われていますが、資料が限られるため背面壁の開口部を迫り出し構法と推定します。尖頭アーチを用いたようなヴォールトですがキーストーン（要石）を持たないようです。そうであれば、これはアーチ構造ではありません。おそらく背後壁の開口の形状に合わせつつ、より簡略な構法をとった結果、尖頭アーチのような縦長の迫り出し構法の形状が現れたのだと思われます。この時代にはすでにアーチが使われていましたが、迫り出し構造に類する架構も、まだ併存していたことを示しています。

　注目すべきことは、アーチ状の列がやや傾斜をとって並んでいることです。アーチ状の部位はそれぞれ、たとえば天然タールなどの接着剤で背後のアーチ状部位に密着しており、このためキーストーンを持たないにもかかわらず、一見してアーチに似た形状を保つことができています。そして接着剤によって背後のアーチに張り付いているうちに最上部まで積み上げてしまうことで両側の弧状部位の頂部を中央で接触させ、ブロックの列の安定を確保しています。これを繰り返すことで型枠を用いることなくヴォールトを構築する、という工夫です。

　レンガ列に傾斜をとって積み上げる理由は、接着力を利用してレンガがその位置を保つ時間を稼ぐためで、垂直面に接着させたのでは、短時間でレンガが落下してしまうためです。

　この例に関していえばアーチというより迫り出し構法の変形というべきものですが、レンガ列が弧を描いているため水平に積載する場合と異なり、レンガが滑り落ちてしまいます。このため接着剤の力を利用したものでしょう。迫り出し構法とアーチ構法の中間のような例ですが、型枠を用いずに構築するという技法が、たしかに存在したことを示すものには違いありません。

　以上の例を、ただちにアーチ構造が誕生する初期の状態とみていいのかどうかは明確ではありません。アーチの発生についてはたしかな時期が曖昧です。アーチ構造に至る途上で多様な形状が工夫された時期があったことを示しているようにも思われます。

3. 型枠を用いないヴォールト架構

　型枠を用いない工法は、メソポタミアのアーチ構造のヴォールトで繰り返されたと考えられています。ところが他の文明では、同様の事例がほとんど報告されていません。他の文明では同種の技法が存在しなかったかのようです。しかし、筆者の知るかぎり、

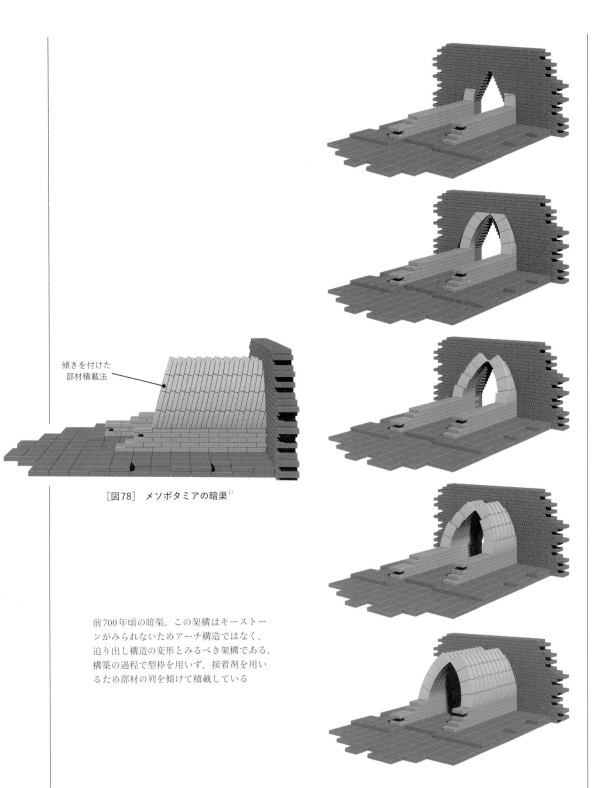

傾きを付けた
部材積載法

［図78］　メソポタミアの暗渠[1]

前700年頃の暗渠。この架構はキースト
ンがみられないためアーチ構造ではなく、
迫り出し構造の変形とみるべき架構である。
構築の過程で型枠を用いず、接着剤を用い
るため部材の列を傾けて積載している

［図79］　メソポタミア暗渠の構築過程

南アジアに希少な例がみられます。

　スリランカがポロンナルワを首都とした時代（11世紀初頭〜13世紀中頃）は、レンガ造の仏堂（パティマ・ガーラ）が多数建立された時代です。[図80] は、そのうちのひとつダラダ・マルワ寺院のトゥーパ・ラーマと呼ばれる仏堂です。ほぼ正方形に区画された伽藍のなかで、南西の一画を占めて東面（東を正面）し、入口を設けています。その内観では、迫り出し構法とアーチ構法とが混在する珍しい架構をみることができます。

　[図81〜83] に示したように、主室の分厚いレンガ壁は下部では垂直に立ちあがっていますが、人の身長ほどの高さを過ぎると四面ともに内陣の内側に向かって迫り出しています（前室では、側壁に限って迫り出し構法を用いています）。この目的は、壁体で囲まれた空間の上部の幅を縮めるためです。そして相互に近づけた上部壁の上に、トンネル・ヴォールトを架けて空間を覆っています。前室、主室ともに頂部にヴォールトを架け、この2室をつなぐアプローチにもヴォールトを架けており、さらに、正面の入口と前室の北側面に設けられた入口、そして主室の両側面にそれぞれふたつずつ開いた窓にも奥行きのあるアーチが使われています。

　このうち最も特徴のあるヴォールトは、主室の上部にみられます。このヴォールトをよく観察すると、[図82] のようにレンガのアーチ列がわずかですが傾いていることがわかります。また、このヴォールト断面の形状は、[図83] のようにおよその姿は弧を描いたもののようですが、半円ではなく肩を張った独特の形状を持っており、型枠を用いてつくることが難しい形状だと予想されます。そして、ヴォールトに用いたレンガが非常に薄いことにも注目されます。やや傾いたアーチを持ち、独特の断面形状であること、レンガが薄いこと、これらの特徴からこのレンガ造のヴォールトは、型枠なしに接着剤の力を利用して構築したものであることが予想されます。

　この構法は、1枚のアーチを組み終える前に接着したレンガが落下しないよう、時間を稼ぐためにアーチに傾斜を与えたものですから、先に記したメソポタミアの例と同様の技法です。起源の古い施工法ですが、必要とされればどの時代でも、工夫された可能性のある工法であったと考えられます。

　この構法がスリランカの仏堂に現れた理由は、肩を張った独特のアーチの形状、型枠になじまない形状を実現しようとしたためとも思われます。そして、迫り出し構法を併用してヴォールトの規模を縮小していることも、型枠を用いない構法を実現するための補助的な工夫であったようです。

3・2 ｜ 半球ドーム

1. 古代ローマ建築と半球ドーム

　古代ローマの時代は、古代ギリシアと異なってアーチを多用したことはすでに述べました。また、石造のギリシア神殿で使われ続けていた木造小屋組を、レンガ、石材、コ

［図80］　ポロンナルワのトゥーパ・ラーマ（12世紀）

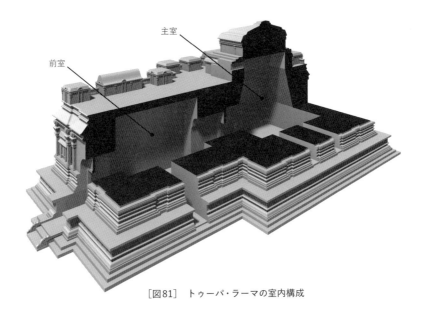

前室

主室

［図81］　トゥーパ・ラーマの室内構成

わずかに傾きを持つアーチ
（ヴォールト）

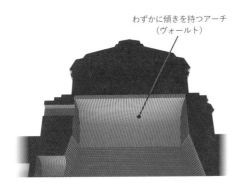

［図82］　トゥーパ・ラーマ主室のヴォールト

［図83］　トゥーパ・ラーマ主室のヴォールト断面の
　　　　形状

　スリランカ、ポロンナルワの仏堂トゥーパ・ラーマのヴォールトは、薄いレンガを
傾けて構築している。半円に近いが幾何学形状から離れ、やや肩を張った独特のア
ーチの姿は、メソポタミアの古い構法と同様の技法で実現している

ンクリートなどを用いたトンネル・ヴォールトやドームに置き換えていきました。

　古代ローマのアーチ構法の起源は、ローマが国家として成立する以前、イタリア半島の主要な勢力だったエトルリアの技術に由来すると考えられています。このためローマ建築は、古代ギリシアとは異なる造営技術を発展させる素地がありました。ところがローマ建築は、同時に古代ギリシア神殿の様式にも注目し、積極的に採用しています。

　[図84] の凱旋門（2世紀頃）は、古代ローマ建築の特徴をよく示しています。ヴォールトを持つ壁構造の躯体に、古代ギリシア神殿と同様の柱・梁構造を装飾のように壁面に取り付け、記念碑としての「格式」を表そうとしています。古代ローマの建築は、壁構造を主体としつつも柱と梁の構造を装飾のように、また混構造として導入しており、古代ギリシア建築とは建築観が大きく異なることがわかります。

　また、古代ローマになってさかんに造営された建築形式に円形神殿があります。円形神殿はその名の通り円形の平面を持ち、上部にレンガ造やコンクリート造の半球ドームを載せています。[図85] は、復原されたフォロ・ロマーノのウェスタ神殿（2世紀末〜3世紀初頭）、ゼウスの姉であるヘスティアーと同一視されたローマの女神ウェスタを祭る祠堂です。太い円筒の上に半球のドームを載せた壁体を中央に、その周囲をギリシア風の定式化された柱と梁の構成（オーダー）がめぐり、軒を支持しています。

　凱旋門に使われたオーダー（柱と梁の様式）は、コンポジット式と呼ばれる古代ローマ固有のもので、古代ギリシアのオーダーのうち、イオニア式とコリント式を組み合わせてつくられた装飾的な柱頭を持っています。一方、ウェスタ神殿のオーダーはコリント式が採用されています。いずれも華やかな装飾の柱頭を持ったオーダーです。[図86] は、古代ギリシアで生まれた3つのオーダー（左端からドリス式、イオニア式、コリント式）とローマ時代に加えられたふたつのオーダー（右端からコンポジット式とトスカナ式）を並べたものです。

　古代ローマでは、[図87] のように壁構造と一体のオーダー、つまり柱と梁の構造も工夫されました。また柱の上にアーチを架けるなど、壁構造と柱・梁構造が多様なかかわり方をみせる点は、古代ローマ建築の大きな特徴です。

　最もよく知られている円形神殿は、[図88] のパンテオン（118 〜 128年）です。この巨大な神殿は、下部の円筒の高さを平面の半径と同じくし、その上に巨大な半球ドームを載せています。半球ドームはコンクリート造ですがドーム上部では軽量のコンクリートを工夫し、ドーム内面に凹形のパターンを繰り返すなど、材料にも形状にも軽量化の工夫があちこちに施されています。この工夫によって、この巨大なドームは現在までその架構を維持してきました。ただ、コンクリート造の神殿が造営される時代であっても、入口の上部に木造小屋組を採用していることにも注意しておきましょう。

　古代ローマの木造小屋組は捨て去られたわけではなく、対象によってヴォールトやドームとともに併存していました。バジリカと呼ばれる集会所やこの形式にもとづいて発展した初期キリスト教の教会堂（ミサ集会所）でも木造小屋組が使われており、中世に入っても、イタリアのロマネスク教会堂では木造小屋組の伝統を守った例が数多くあり

[図84] 古代ローマの凱旋門（2世紀頃）とその構成
古代ローマの凱旋門（右）は半円ヴォールトを持っており、その素性は明らかに壁構造である。しかし正背面にオーダー（コンポジット式）にしたがった柱や梁を設けている（左）。古代ギリシアに起源を持つ柱と梁の架構は、記念性を獲得するための装飾的な装置として使われた

[図86] 古代ローマの5つのオーダー
古代ローマはギリシア起源の3オーダー（左3点）にふたつ（右2点）を加えて5つを使い分けた。柱径を同一として比較する

[図85] ウェスタ神殿（2世紀末〜3世紀初頭、復原）[1]
柱と梁で構成された古代ギリシア神殿は、ローマ時代に円形平面の神殿として次々に造営された。その理由は、設営が比較的容易なコンクリートのドームを用いてギリシア以来の木造屋根を排除できたためであろう

[図87] 壁と一体となった柱・梁

[図88] パンテオン（118〜128年）
パンテオンは、コンクリートで構築された半球ドームを積載する代表的な神殿だが、ポーチ上部は木造小屋組を載せている

ます。状況に合わせて材料と技術を選択し、柔軟に対応していたことがわかります。

2.半球ドームを支える架構の変遷

　半球ドームはその形状から、下部に円筒の構造体を構え、この上に積載する場合が最も自然で無理のない構造です。しかしそうなると半球ドームを載せようとすれば、常に円形平面の内部空間が形成され、多様な平面形式に対応できません。このため半球ドームを支える下部の構造体に、早い時期から正方形平面を持つものが現れました。これをユニットとして複数個を接続し、平面構成に自由度を実現しようとしたのです。

　半球ドームを積載する以上、横長の矩形平面では成立しませんが、正方形であってもこのままでは四隅でドームを支持することができません。この問題に対し、さまざまな工夫が現れました。［図89左］のスキンチは、四隅に梁を斜めに架け、八角形の土台をつくってこの上にドームを載せようというアイデアで、早い時期に考えられた工夫です。しかしこのアイデアは、梁材として十分に使える長材が手に入らないかぎり実現できません。したがって小規模な架構では可能であっても、規模が拡大すると対応の難しいアイデアでした。これに対し［図89右］のトロンプと呼ばれるアイデアは、上部四隅で中空に浮いてしまうドームの下部を支えるため、この位置にドームの一部としてアーチを組み込み、このことで四隅のドーム下部を支持するというものです。しかしこのままでは、ドームのアーチとドームの届かない四隅が開いたままです。そのため少しずつ小さくなるアーチを並べ、水平垂直ともに口を開けた四隅を覆いました。結局、躯体の上部四隅に、円錐を縦に半分に割って倒したような架構が現れます。これら付属する小さな屋根（天井）架構では、のちのイスラム建築でも工夫が重ねられ、四隅を尖頭アーチの半ドームで覆うなど、トロンプの亜種が生まれています。

　しかしキリスト教圏では、ペンデンティヴ・ドームと呼ばれる形式が発明され、この形式が踏襲されました。このアイデアは［図90左下］のように、半球ドームの四辺を切り取ったような形状を構築して正方形平面に対応させ、その上部も水平に切り取ってひと回り小さな半球ドームを載せるというアイデアです。このとき四隅に現れる球面を持つ三角形の部位をペンデンティヴと呼びました。このドームは、ペンデンティヴが下部の架構の中に埋没してしまうため、その特徴が外観に現れません。しかし内観には壁の隅上部に球面状の三角形が現れます。この様子を［図90左上・右下］で示します。

　ペンデンティヴ・ドームの早期の事例は、ハギア・ソフィア大聖堂（537年）で実現しました［図90］。この寺院は、4世紀のうちに木造小屋組を載せた前身建物が造営され、2度の被災ののち6世紀に入って巨大な半球ドームを載せた建築として再建されます。この教会堂が現在の姿ですが、巨大ドームの崩壊と再構築、そして下部の壁体に補強を加えることが繰り返されました。

　ドームが崩壊する際には、半球ドームが自重で潰れるように変形し、ドーム下部が外に広がろうとしてこれを支える壁体の最上部を外に向かって押し出します。このため外へ倒れ込む壁体を抑えるために、前後では1/4球のドーム、側面ではそれぞれふたつの

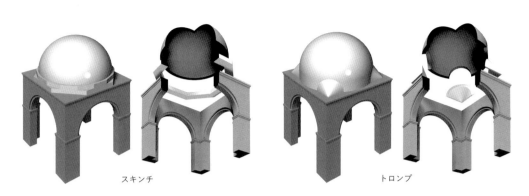

スキンチ　　　　　　　　　　　　　　　　　　トロンプ

[図89]　スキンチとトロンプ

ウェスタ神殿やパンテオンなど、半球のドームに合わせて円形平面を持つ建築は平面形
状に自由度がない[図85・88]。このため、正方形平面の躯体に半球ドームを載せる方
法が工夫された。スキンチやトロンプなどである[図99]。そしてそのひとつの帰結点
がペンデンティヴ・ドームを載せたハギア・ソフィア大聖堂[図90]である

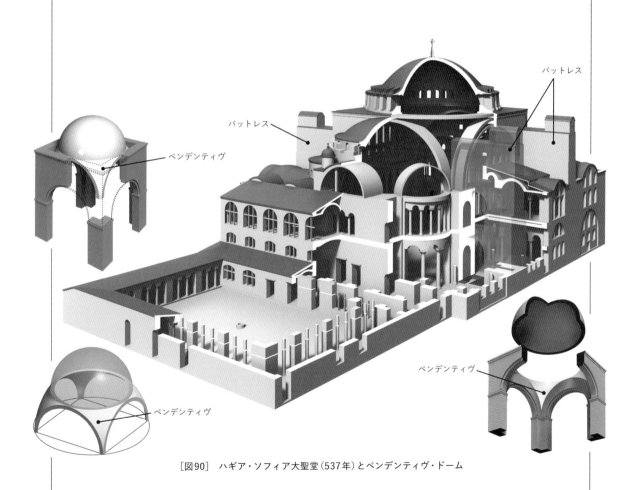

バットレス

バットレス

ペンデンティヴ

バットレス

ペンデンティヴ

ペンデンティヴ

[図90]　ハギア・ソフィア大聖堂(537年)とペンデンティヴ・ドーム

巨大なバットレス（控壁）が施設され、中央ドーム下の壁体を抑えています。しかしこれでも不足であったため、のちにアトリウムに飛び出すバットレスなどが増設されています。

　［図91］は、現在のイラン高原に残るササン朝ペルシア時代の拝火壇です。この拝火壇の架構はスキンチ、トロンプ、ペンデンティヴのいずれとも異なり、正方形平面の躯体の内側に迫り出し構法を用い、部材を積み上げるたびに徐々に円形に近づけるというアイデアでつくられています。迫り出し構法とアーチ構法がひとつの建物の中で併存する姿は非常に例外的ですが、先にあげたスリランカのトゥーパ・ラーマの事例［図80〜83］など、南アジアや西アジアの一部でみることができます。

3・3 | トンネル・ヴォールト

　ビザンチン帝国（東ローマ帝国）では、半球ドームを積載することを前提に、さまざまな工夫が繰り返されました。一方、西ヨーロッパでは木造小屋組を持つバジリカ型教会堂をもとに、石造トンネル・ヴォールトを架ける架構が進展します。

1. 初期キリスト教教会堂

　古代ローマでは、4世紀末になってキリスト教が国教として認められます。最初期に首都ローマで建立された教会堂は、ローマ・カトリックの総本山として知られるサン・ピエトロ教会堂（4世紀）です。現在の教会堂はルネサンス時代に再建されたものですが、当初の教会堂は［図92］のように復原されています（復原案はいくつかあり細部に相違があります）。

　ミサ集会場（ミサを執行する聖堂）として使われたこの形式の教会堂は、バジリカと呼ばれた古代ローマの集会所の建築形式をもとにつくられたため、バジリカ型教会堂と呼ばれています。この形式の教会堂建築は、バジリカと同様にレンガや石材を用いた壁体と、この上部に載せた木造小屋組で構築され、瓦を葺いていました。

　地中海に広がった初期キリスト教建築は、エルサレムに向いて構築されることを基本としていましたが、西ヨーロッパの教会堂は西に入口を持ち、祭壇とアプスを東奥に配置することを原則とします。このため一般的な教会堂は、東西軸に合わせて背の高い身廊を構え、その南側と北側に1段下がった側廊を配し、東の最奥に半円形平面に半ドームを載せたアプスを備え、その前面に、横断する翼廊との交差部を設けました。この形式は三廊型と呼ばれる一般的な構成で、身廊上部にはクリアストーリィと呼ばれる高窓列を設けます。当初のサン・ピエトロ教会堂は東を入口としましたが、側廊の外にさらに側廊を備えた五廊形式の大規模な教会堂でした。

2. プレ・ロマネスク教会堂

　紀元1000年を境に、西ヨーロッパでは教会堂建築が大きく変貌し、ロマネスク様式

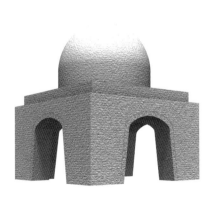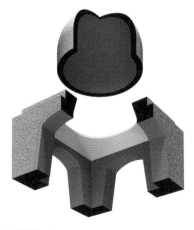

[図91]　ササン朝ペルシアの拝火壇を収めるドーム

イラン高原に残る拝火壇は、正方形平面の躯体上に半球ドームを載せるが、壁体を正方形の平面から円形平面へ、迫り出し構法を用いて徐々に輪郭を変えることでドームの積載を可能にしている。ふたつの構法が混在する地域は限られ、類例が少ない

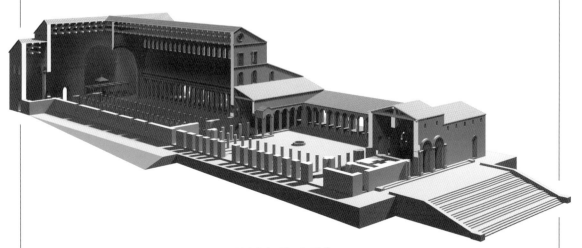

[図92]　サン・ピエトロ教会堂（4世紀、復原）[1]

現バチカン市国のサン・ピエトロ寺院創建教会堂の復原図。細部の復原にはさまざまな提案があるが、木造小屋組を持つ五廊のバジリカ型教会堂であった点、ナルテックスやアトリウムを持っていた点などは確実と考えられている。身廊と側廊で構成され、最奥に半円形平面のアプスを持つ点、身廊と翼廊の交差部を持つ点、身廊上部にクリアストーリィ（高窓の列）を持つ点など、のちの西ヨーロッパの教会堂（ミサ集会堂）建築の範型となったが、ファサードは真東を向いており、のちの教会堂とは正反対である

の教会堂が次々に建立されました。1000年以前にさかのぼるキリスト教建築は、現在
の北フランスから北ドイツに跨る各地に造営された大規模な修道院とその付属教会堂群、
そして現在のスペイン北部、ピレネー山脈の南麓に残る小規模なレンガ造、石造の教会
堂群という、ふたつの系統の教会堂が存在していました。およそ700～1000年頃にさ
かのぼるこのふたつの系統の建築は、ロマネスク様式の先駆けという意味を込めてプレ・
ロマネスク様式と呼ばれています。

──北方の教会堂──

カール大帝（シャルマーニュ帝。742年～814年）による西ヨーロッパのキリスト教
化の方針によって、北方には大修道院がいくつも造営されました。その中心には、いず
れも大規模な礼拝堂が設営されます。この時代の修道院について、[図93]に掲載したサ
ン・リキエ修道院やザンクト・ガレン修道院の配置平面（上を東とする）などの古図が
その様子を伝えています。サン・リキエ修道院の古図には中庭や回廊とともに礼拝堂の
姿が描かれており、西（図の左側）入口が塔状化していること、交差部の上部にも塔が
聳えていること、東のアプス周辺を1段低い施設で囲んでいる様子などが描かれています。
ずいぶん複雑なシルエットですが、塔に挟まれた中央部は身廊と側廊で構成され、身廊
側壁にクリアストーリィ（高窓の列）を設けている様子も描かれています。

北方で営まれた大修道院の付属教会堂についてさまざまな復原案が提出されています
が、ここでは[図94]サント・ジェルトルード修道院の教会堂をとりあげます。この教
会堂は規模が大きく[図94右]のような姿に復原されています。屋根と木造小屋組を取
り去れば、[図94中]のように、下部は石造壁で囲まれた三廊形式の教会堂です。一見し
て複雑な構成の建築ともみえますが、[図94]はこの教会堂の基本構成が伝統的なバジリ
カ型教会堂にもとづいており、西入口の周囲が複雑に分節されて塔状に発展し、東端で
はアプスが一段と東に伸びるとともに、聖遺物などを収める祭室を付属しつつ発展して
いったものであることを示しています。つまり、初期キリスト教教会堂を中央に配置し、
そのアプスの周囲とファサードの周囲、つまりバジリカ型教会堂の東西両端を、それぞ
れ複雑に展開していったものであることがわかります。

──南方の教会堂──

イベリア半島では8世紀初頭から15世紀末までイスラム国家が君臨していました。し
かしイスラムの勢力はピレネー山脈の南麓までには及ばず、ここに複数のキリスト教小
国家が生き残っていました。これらの国家が生き延びた結果、700～1000年頃にさか
のぼるキリスト教教会堂が今日まで残されました。これら西ヨーロッパの南方に残る教
会堂は、いずれも規模が小さく、側廊を持たない単廊形式で、石造やレンガ造のヴォー
ルトないしドームを架けた遺構が多くみられます。

これらの礼拝堂の原型ともみえる構造は、ローマ帝国の皇帝テオドシウス1世の娘、
ガラ・プラキディアによって5世紀にラヴェンナに建立された礼拝堂[図95]にみるこ

サン・リキエ修道院

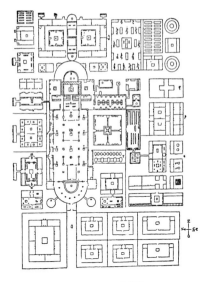
ザンクト・ガレン修道院

[図93]　修道院古図

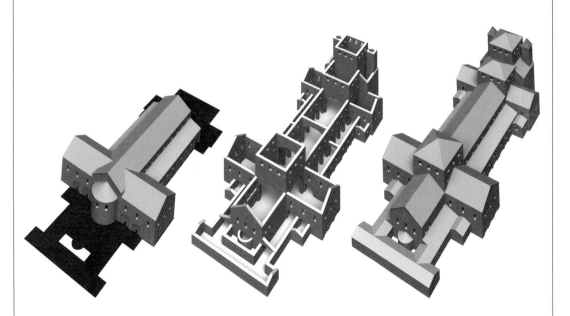

[図94]　サン・ジェルトルード修道院教会堂（10世紀末〜11世紀初頭、復原）

　紀元1000年頃までに西ヨーロッパ北部に多数造営された大修道院の教会堂は、［図93］の古図のように複雑なシルエットを持つが、サン・ジェルトルード修道院教会堂の復原図［図94］に示したように、バジリカ型教会堂をもとに、その西ファサードと東アプスの周囲が複雑化したものである。西ファサードは鐘楼を持って塔状に発展し、東アプス周辺はさらに東に伸びて複数の祭室がつくられた。この過程で変化した教会堂の構成は、のちの中世の教会堂の形式に影響を与えた

とができます。この建築は十字形の平面の三方の廊に、[図95右]のようにそれぞれ棺を安置しています。しかし棺が当初から存在したのか明らかではなく、本来は廟堂であったかどうかも明確ではありません。

　レンガ造のごく小規模な礼拝堂で、半球形を正方形平面の四辺に合わせて切り落とした形状 [図95右] のドームを交差部に戴き、それぞれの廊にトンネル・ヴォールトを架けています。小規模な単廊型礼拝堂にドームとヴォールトを架ける点は、のちの南方プレ・ロマネスク教会堂の先駆けとなる構成です。

　[図96] のサン・チャゴ・デ・ペニャルヴァ教会堂は、東奥の馬蹄形平面のアプスに稜のあるドームを架け、交差部にはガラ・プラキディアの礼拝堂によく似た、しかし稜のあるドームを載せています。また各所にトンネル・ヴォールトを架け、天井の形と高さに差異をつけることで、区分された小室に位階をつくりだしています [図96右]。西端にもアプスを持ち、稜のある半ドームと短いトンネル・ヴォールトを合体させて載せ、西に寄せた南面に入口を設けています。この入口のとり方は、ピレネー山脈南麓の教会堂に共通する特徴で、西面に開口を設けることを禁忌としたためだと考えられています。

　[図97] のサンタ・マリア・デ・レベーニャ教会堂の平面構成は、サン・チャゴ教会堂に比べて一段と複雑です。12もの小空間に区分されていますが、西に2室、他三方に1室を配置した十字形の平面をもとに、その四隅に小室を付属させたもので、トンネル・ヴォールトの向きからわかるように三廊型の平面に由来する構成ではありません。区分された小空間はいずれもトンネル・ヴォールトを架けており、中央東寄りの小室を最高位として次第に高さを減ずることで、小室群に位階を生み出しています。この教会堂も、同地域の他の教会堂と同じく南面の西寄りに入口を設けています。

　一方、[図98] のサン・ミゲル・デ・エスカラーダ教会堂は、東端に3つの馬蹄形平面のアプスを並べて小ドームを架けています。南方のプレ・ロマネスク教会堂では珍しく、本体を三廊形式として木造小屋組を載せ、クリアストーリィを設けています。また翼廊がないため交差部がありませんが、身廊の東寄りに三連アーチの仕切り壁を設けることで、交差部の機能にあたる分節をつくり出しています。

　比較的小規模な礼拝堂ですが、各所で三廊型平面の教会堂に擬した構成を工夫しており、さらに、南方の教会堂の中では希少なクリアストーリィを実現している点に特徴がみられます。とはいえ南面に吹き放しの庇を付属させ、その内の西寄りの位置に入口を設けている点はバジリカ型教会堂とは異なっており、この地域の他のプレ・ロマネスク教会堂と同様の特徴を示しています。

　プレ・ロマネスク教会堂は、起源の異なる南北ふたつの系統が認められました。第1の系統はバジリカ型教会堂にもとづいた木造小屋組と背の高い身廊、クリアストーリィを持つ大規模な教会堂です。第2の系統は単廊でクリアストーリィを持たず、石造ないしレンガ造のヴォールト架構を持つ小規模な礼拝堂の系統です。

　これ以外にも西ファサードの塔や東辺のクリプト（地下祭室）の有無、交差部の塔状化などいろいろな相違を持っています。しかし全体の傾向として、木造小屋組の三廊形

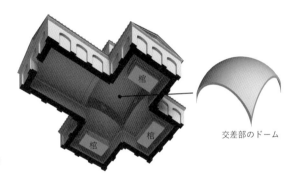

交差部のドーム

[図95] ガラ・プラキディア礼拝堂（5世紀）と
ドームの構成

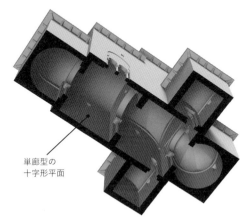

単廊型の
十字形平面

ヴォールトとドームの構成

[図96] サン・チャゴ・デ・ペニャルヴァ教会堂（937年）と
ドームの構成

イベリア半島北部のピレネー山脈南麓には、紀元1000年頃まで
に造営された小規模な教会堂が残っている。これらプレ・ロマ
ネスクの教会堂は、ガラ・プラキディア礼拝堂［図95］に通ずる
ヴォールトやドームの架構と単廊型で交差部を持つ十字形の平
面を持ち、クリアストーリィを持たない構成を基本とし、ここ
に小室を加えたものも多い。たとえばサンタ・マリア・デ・レ
ベーニャ教会堂［図97］は、身廊と側廊の三廊構成ではなく単廊
の周囲に小室を設けたものである。一方、サン・ミゲル・デ・エ
スカラーダ教会堂［図98］のように三廊型で木造小屋組を載せ、
クリアストーリィを持つ例も存在している

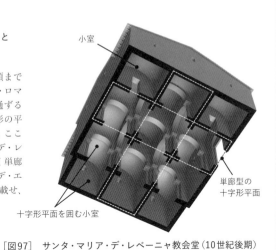

小室

単廊型の
十字形平面

十字形平面を囲む小室

[図97] サンタ・マリア・デ・レベーニャ教会堂（10世紀後期）

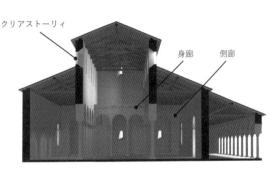

クリアストーリィ

身廊

側廊

[図98] サン・ミゲル・デ・エスカラーダ教会堂（930年頃）

式の教会堂以外に、クリアストーリィを持つ例がみられないという特徴に注目しておきましょう。

3. クリアストーリィとロマネスクの時代

　木造小屋組を載せる教会堂では身廊を1段高くとり、その側壁に高窓の列、クリアストーリィを設けていました。しかし石造のヴォールトやドームを載せる小規模な教会堂では、単廊形式をとってクリアストーリィを設けていません。この相違は、もともと建築形式の相違、古代ローマのバジリカ型教会堂に起源を持つか、それとも小規模な礼拝堂に起源を持つか、という相違に原因が求められます。しかし起源となった建築形式の相違ばかりでなく、当時の構造の考え方にも原因があったようです。それは、石造やレンガ造のヴォールトの直下に、開口の列を設けることが構造を脆弱にしかねない、というためらいであったと思われます。

　しかし紀元1000年を超え、ロマネスク教会堂が造営される時代になると、ふたつの系統に分けられた建築形式の相違は曖昧になり、両者を統合するかのような形式を持つ教会堂が現れました。その建築形式の変化を最も鮮明に示すものが、石造のトンネル・ヴォールトの下部に設けられたクリアストーリィの存在です。

　この変化は、たんにトンネル・ヴォールトの下部に開口を設けるかどうか、という問題で済まされるものではなく、石造ヴォールトを載せる構造体全体をどのようにとらえ、安定した架構を実現するか、という問題でした。

　［図99］はヴィニョリ（フランス東部）のサント・エティエンヌ（サンティティエンヌ）教会堂です。この建築は1000年代の半ばに建立された、比較的大規模な教会堂ですが、［図99左上］のように三廊構成の構造上部に木造小屋組を載せ、1段高い身廊を実現してその側面にクリアストーリィを設けるという、古代ローマのバジリカ型教会堂に由来する伝統的な姿を保っています。

　一方、紀元1000年の直前の時代から、同一形式でいくつもの教会堂が建立されたフランス・オーヴェルニュ地方の教会堂群では、石造トンネル・ヴォールトのもとで、まったく異なるクリアストーリィを実現しました。［図100］はその例、ノートルダム・デュ・ポール教会堂です。この教会堂は南方のプレ・ロマネスク教会堂に比べて大規模とはいえ、北方の教会堂ほどの規模を持たない、両者の中間の規模を持った教会堂です。三廊構成をとり、西ファサードの左右に塔を持ち、東のアプスの下にクリプト（地下祭室）を設けるなど、北方のプレ・ロマネスク教会堂に準ずる特質もうかがえます。一方、南方のプレ・ロマネスク教会堂のように石造のトンネル・ヴォールトを架け、交差部中央の上部を一段高くとる特徴もみられます。いわば、プレ・ロマネスク様式の南北ふたつの系統からその要素を取捨選択し、ひとつにまとめあげたような姿です。西ヨーロッパ北部とイベリア半島の中間の位置で生まれた形式であることも興味深い点です。

　ノートルダム・デュ・ポール教会堂のクリアストーリィのとり方は、サント・エティエンヌ教会堂と大きな相違がみられます。ノートルダム・デュ・ポール寺院では身廊上

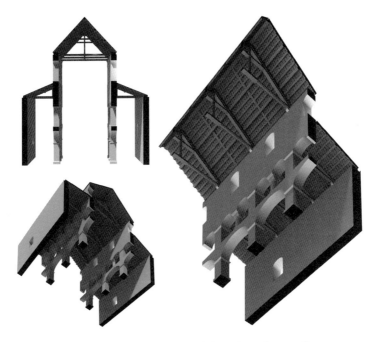

[図99]　サント・エティエンヌ教会堂（1050年頃、ヴィニョリ）

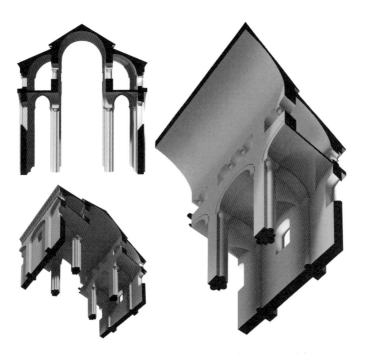

[図100]　ノートルダム・デュ・ポール教会堂（1120〜1130年）

サント・エティエンヌ教会堂［図99］は、古代ローマのバジリカ型教会堂と同様の構成である石造壁と木造小屋組を踏襲したことで、伝統的なクリアストーリィを実現できた。しかしノートルダム・デュ・ポール教会堂［図100］は身廊に石造トンネル・ヴォールトを架け、これを支持するため側廊の高さを増したことで、クリアストーリィから直接光をとることが困難になった。とはいえ天井の石造化は、初期ロマネスク教会堂の画期的な試みであった

部のクリアストーリィが直接外気に接していません。側廊上部（2階）の開口を通過した光は、身廊内観の開口に届く間接光のため、伝統的なクリアストーリィを実現しているとはいい難い構成です。なぜこのようなクリアストーリィが生まれたのでしょう。この原因は身廊に架けた石造のトンネル・ヴォールトにあります。

　[図101] は、トンネル・ヴォールトの構造的な特徴を模式化したものです。ヴォールトが自重で潰れようとすると、ヴォールトを支える壁体の上部を外に押し出すように動きます。このとき壁体の背が高ければ高いほど、横方向に押される力に敏感に反応して大きな変位を起こします。この結果ヴォールト（アーチ構造）がゆるみ、崩壊するという過程です。[図101左・中] はこの様子を示しています。

　ノートルダム・デュ・ポール教会堂にみられる工夫は、このようなトンネル・ヴォールトの崩壊過程を経験的に理解しており、その対処のために身廊のヴォールト直下を横方向から押さえるよう、側廊を形成する半ヴォールトを接続した点にありますが [図101右]、このとき身廊のバットレス（控壁）として機能する側廊は、壁体の高い位置で身廊を支持するほど効果が高いという判断があったと思います。このことが、身廊上部に直接光を導くクリアストーリィを設けることができないほど側廊の高さを持ち上げることになり、[図100] のような架構が生まれることになりました。石造ヴォールトとクリアストーリィを両立させようとする初期の試みとして、ノートルダム・デュ・ポール教会堂の方法は画期的な架構法であったと思われます。そしてその後、南フランスから北スペインにかけて、同様のアイデアの教会堂が数多く造営されました。スペイン北西端のサン・チャゴ・デ・コンポステラ教会堂は、キリストの十二使徒の一人であった聖ヤコブの埋葬地と考えられるようになってフランス各地から巡礼道が整備されますが、この巡礼道に沿っていくつもの教会堂が造営されました。このうちオーヴェルニュ地方からはじまる巡礼道では、コンクのサント・フォワ教会堂、五廊形式のトゥールーズのサン・セルナン教会堂などの著名な教会堂に、ノートルダム・デュ・ポール教会堂とよく似た架構法をみることができますが、いずれも直接光の入るクリアストーリィを実現しており、構造のとらえ方に進展がみられます。

　ある程度の規模を持つ三廊形式の教会堂建築に石造ヴォールトを積載するという冒険は、当初、クリアストーリィの効果を犠牲にしながら実現しました。これは石造建築の歴史のなかでも興味深い試みのひとつではなかったかと思います。そしてこの改革は、西ヨーロッパにおけるその後の石造建築の発達を促す最初の一歩でもありました。

4. クリアストーリィをめぐる冒険

　[図99・100] に掲載したふたつの教会堂は、10世紀末から11世紀前半までに造営された建築でした。一方、[図102・103] に示したパイエルス（現スイス）修道院の教会堂は、前2件よりやや遅く11世紀前半から11世紀末までかけて完成した教会堂です。身廊に架けた長いトンネル・ヴォールトを、柱位置にリブを架けて補強するとともに、ヴォールトの下部でこれを支持できる位置まで側廊の高さを下げ、ヴォールトの迫り元近くに

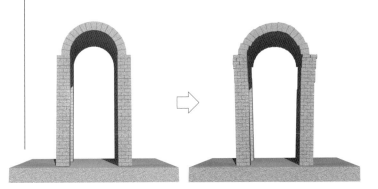

[図101]　トンネル・ヴォールトの崩壊過程とその対処法

身廊を側面から支持する側廊の構造

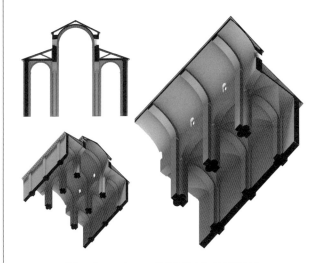

[図102]　パイエルヌ修道院教会堂（11世紀末）

[図103]　パイエルヌ修道院教会堂の
クリアストーリィ

　アーチ構造は迫り元にスラストがかかり、壁体を外に押し倒そうとする。倒れ掛かる壁体を支える側廊の架構は重要な存在であった［図101］。パイエルヌ修道院の教会堂はこの課題をクリアしたが［図102］、アーチの足元に大きな開口をつくることを難しいと考えたようで、小さなクリアストーリィをひらいている［図103］。石造ヴォールトを架ける過程は、構造上付随する多様な問題を解決する過程であった

小さなクリアストーリィを確保しています。オーヴェルニュ地方の教会堂の方法、間接光のクリアストーリィに比べて、直接光をとることを可能にした点で一歩前進しているといえますが、実現できたクリアストーリィはごく小さな開口を確保するにとどまっています。この様子は、トンネル・ヴォールトの下部に開口をとることが、当時、構造的にかなり難しいテーマだと受け止められていたことを示しています。

　トンネル・ヴォールトはアーチの連続体です。1000年以前のトンネル・ヴォールトを架けた教会堂では、もともとクリアストーリィを設けていなかったことに注目しましょう。ヴォールトを形成するアーチ列の中に、迫り元のあたりに空隙を抱えたアーチが挟まれるわけですから、構造に対して不安を持つことは、当時の経験からすれば当然のことであったと思われます。

　この問題を解決する方法のひとつとして、フランス、ブルゴーニュ地方のサン・フィリベール教会堂では、他にほとんど例のない興味深いアイデアがみられます。この教会堂は1000年頃に西入口回りの造営がはじまり、交差部から東のアプス周辺の造営は12世紀にまで下ります。このため、身廊の造営も比較的長い時間をかけてつくられたと思われますが、11世紀のうちには完成していたようです。その身廊上部では、身廊を横断する方向に短いトンネル・ヴォールトを架け、このヴォールトを東奥に向かって次々に並べる、という独特のアイデアがみられます［図104・105］。この架構法では、トンネル・ヴォールトの木口に、簡単に開口部を設けることができるため構造上の制約がほとんどなく、したがって同時代の教会堂としては大きなクリアストーリィを設けることが可能になっています。

　とはいえこの架構法は、先に述べたようにほとんど類例がありません。この理由は、身廊の上部に、身廊を横断するヴォールトを支えるための壁体とアーチが並び、奥行きのある身廊空間を次々に分節するような効果が現れてしまったためでしょう。

　また、ほぼ同時代に別の新しい試みが現れており、その架構法が11世紀末から12世紀の後期ロマネスクの教会堂を席巻することになりました。そのアイデアは、すでに側廊で繰り返されていた交差ヴォールト（トンネル・ヴォールトを縦横に交差させ、その交差した部分だけをとりあげた姿のヴォールト）を、身廊にも当てはめたものでした。

3・4 ｜ 交差ヴォールト

1.交差するトンネル・ヴォールト

　交差ヴォールトは、［図106］の分解図のようにトンネル・ヴォールトを縦横に交差させた形状を持っています。このヴォールトは決して新しいものではなく、少しずつ石造化をめざしていた10世紀末頃の三廊型教会堂の側廊ですでに試みられており、以後トンネル・ヴォールトの教会堂の発展過程でも、常に側廊で採用されてきた架構方法です。しかし、この架構を身廊のように大きな柱間の上に架けることは、リブを用いて補強す

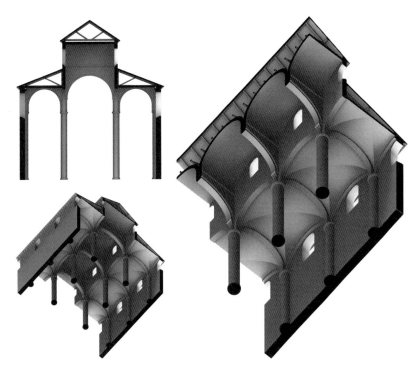

[図104]　サン・フィリベール教会堂（12世紀初頭）

[図105]　サン・フィリベール教会堂の内観

サン・フィリベール教会堂の横を向くヴォールトを連ねたアイデアは、や
や強引で例外的なアイデアであったようにみえる。しかしこの教会堂の試
みによって、当時の教会堂にとって大きなクリアストーリィを確保するこ
とが、いかに重要なことと見なされていたかを理解することができる

るというアイデアを含めて11世紀末になってようやく可能になったものです。

　その最初期の例、ドイツのシュパイヤー大聖堂はもと木造小屋組を持った教会堂で、1061年にいったん完成しています。しかしその後1080年からおよそ30年にわたって大改修が加えられ、この段階で身廊に交差ヴォールトが架けられました。このヴォールトは、まだ対角線に沿ったリブであるオジーヴを持たない交差ヴォールトです。しかし12世紀に入って造営がはじまったヴォルムス大聖堂では、身廊の交差ヴォールトの対角線に沿ってオジーヴを架けるという補強が加えられています［図106・107］。オジーヴがつくるアーチは半円アーチと異なり、横方向に$\sqrt{2}$倍に延びて扁平な楕円曲線を形成する不安定なアーチです。ヴォルムス大聖堂の交差ヴォールトは、中央を四周のアーチよりも少し高くつくり、オジーヴの形成する扁平なアーチ形状を緩和しようとする工夫がみられます。古代ローマ以来、連綿と維持してきた半円アーチという範形が、少しずつですが変化をはじめたことが現れているように思われます。

　交差ヴォールトが一段と強固になっていく過程は、同時に壁構造を主体としたロマネスク教会堂の構造にも変化を及ぼします。［図108］は前代のトンネル・ヴォールトを架けた例、フランス、ヌヴェールのサント・エティエンス教会堂です。この教会堂では、77頁［図102］に掲げたパイエルス修道院教会堂のクリアストーリィよりも少し下がった位置、つまりトンネル・ヴォールトの下部を避けて直下の壁体上部にクリアストーリィを設けており、トンネル・ヴォールトとクリアストーリィの相性がよくないとする当時の認識を示しています。ところが［図109］のヴォルムス大聖堂のスケルトン（骨格）モデルでは、身廊の構造が柱とアーチの架構によって実現できており、構造のための壁体を要しません。このような架構の変化によって、［図107］のように大きなクリアストーリィを実現することが可能になっています。

　身廊に交差ヴォールトを架けるという架構上の変化は、構造のとらえ方に大きな変化をもたらし、ロマネスク教会堂の最終的な形態を生み出すことになりました。それは、壁構造であったロマネスク教会堂に、柱・アーチ構造というべき別種の架構の可能性をひらいたばかりでなく、強固な半円アーチの形式に柔軟な解釈を生む機会でもあったと考えられます。これらの経験が12世紀の中頃にゴシック教会堂を生み出す背景を形成しています。

　ロマネスク教会堂は石造の壁体の上に木造の小屋組を架けた架構にはじまり、さまざまなトンネル・ヴォールトの架構、つまり、クリアストーリィを持たない初期形態、側廊を高くとって間接光を導入する工夫、トンネル・ヴォールトの迫り元あたりに小さな開口を設ける例、身廊を横断する方向にトンネル・ヴォールトを架けるアイデアなど、150年ほどのあいだにさまざまな展開をみせ、そしてついに交差ヴォールトへたどり着きました。この過程をみれば、ロマネスク教会堂は石造架構のもとで十分なクリアストーリィを実現することを、一貫して目標にしていたことがわかります。たしかなクリアストーリィを実現するというテーマの追求は架構の大変革へ到達します。ロマネスク教会堂の多様な試みは、結局、クリアストーリィをめぐる構造的な冒険の過程であったの

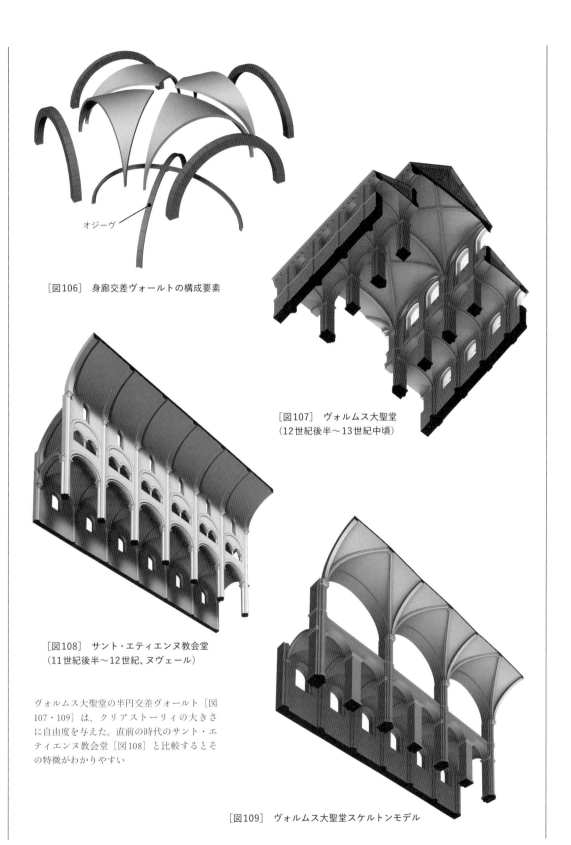

オジーヴ

[図106] 身廊交差ヴォールトの構成要素

[図107] ヴォルムス大聖堂
（12世紀後半〜13世紀中頃）

[図108] サント・エティエンヌ教会堂
（11世紀後半〜12世紀、ヌヴェール）

ヴォルムス大聖堂の半円交差ヴォールト［図
107・109］は、クリアストーリィの大きさ
に自由度を与えた。直前の時代のサント・エ
ティエンヌ教会堂［図108］と比較するとそ
の特徴がわかりやすい

[図109] ヴォルムス大聖堂スケルトンモデル

です。

2. 尖頭アーチのヴォールト

　12世紀の中頃、西ヨーロッパの教会堂は唐突に尖頭アーチ（ポインテッド・アーチ）を導入します。このアーチを持つ建築を、半円アーチを用いるロマネスク様式と区分してゴシック様式と呼んでいます。

　尖頭アーチが生まれた原因は不明な点が多いのですが、イスラム建築の影響が考慮されてきました。ロマネスク建築の構造の発展過程からみると、尖頭アーチが導入された経緯は、扁平なオジーヴの安定を求めて頂部を隆起させた結果として、半ば必然的な背景があったとも思えます。後期ロマネスク教会堂に現れた安定を求めて縦長に向かいつつあったオジーヴの形状は、円弧を用いて制御する尖頭アーチの導入によって、確実な計画性と再生産を獲得したのだと考えられます。

3. 半円交差ヴォールトと六分ヴォールト

　［図109・110左］は、半円交差ヴォールトを用いた後期ロマネスク教会堂のスケルトンモデルです。半円交差ヴォールトには2種類の制約がありました。ひとつは原則として半円であることで、柱間の大きさに対しアーチの高さが必ずその半分をとるという性格です。このため半円ヴォールトを交差させるために高さをそろえようとすれば、平面上の縦横の柱間を同一とする必要があり、ひとつのベイ（四隅の柱でヴォールトを支持する構造体の単位）の平面が必然的に正方形をとります。そして第2に、原則として半円アーチを用いた身廊と側廊は、いずれも半円交差ヴォールトを用いて正方形平面をとることから、身廊と側廊が接する柱列の配置が原因で、相互に無関係な大きさでは成立できないのです。この結果、両者の柱間の大きさに平易な関係が成立しました。その現実的な柱間の組み合わせは、身廊1に対して側廊が1か1/2ないし1/3ほどでしょう。［図110］は身廊1に対して側廊1/2という最も一般的な柱間のとり方の例です。このとき身廊ヴォールトは側廊ヴォールトの4倍の面積を覆い、これを支持する柱に大きな負荷がかかりますから、側廊ヴォールトを支持する柱よりも一段と太く高い柱が採用されました。一方、直後の時代に現れた初期ゴシック教会堂では、同一の柱を並べてヴォールトを支持しています［図111］。同一の柱を繰り返すことはデザインの整合性を実現するとともに、構造的な不均衡を解消する利点がありました。

　同一の柱を並べることを可能にした初期ゴシック教会堂の架構は、後期ロマネスク教会堂が半円ヴォールトを用いたために生まれた正方形のベイの平面を踏襲しながら、側廊平面の正方形の辺の中央に、側廊のベイに合わせて柱を加え、この柱に対応するようにヴォールトを変形し、6本の柱で構成する架構単位を生み出しました。［図111］に示した「六分ヴォールト」です。これは尖頭アーチを用いて底辺の幅が異なるアーチどうしの高さをそろえてみせたヴォールトです。

　［図111］の初期ゴシック教会堂のベイは、［図110］の後期ロマネスク教会堂とほぼ同じ

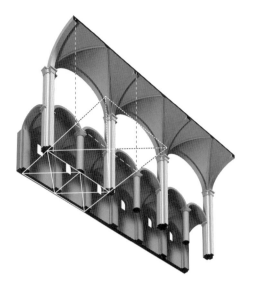

[図110]　後期ロマネスク教会堂のスケルトンモデルと見上図
後期ロマネスク教会堂が身廊に半円交差ヴォールトを用いることは、身廊のベイ
（構造体のユニット）が正方形平面を持つことでもあった

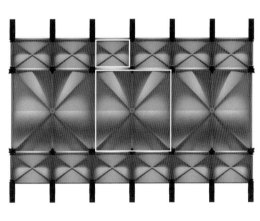

[図111]　初期ゴシック教会堂のスケルトンモデルと見上図
初期ゴシック教会堂は正方形平面のベイを引き継ぎながら、このベイを6本の柱
で支持しようとした。その目的は側廊だけを支持する柱を排除し、すべての柱が
身廊と側廊のいずれのヴォールトも支持できるものにするためであった。この構
造単位の改善で工夫されたヴォールトが、「六分ヴォールト」である。初期ゴシ
ック以後の教会堂で多用されたフライングバットレスは、ゴシック教会堂の特徴
とみなされているが、その発生は後期ロマネスク教会堂にさかのぼる

輪郭、つまり正方形に近い姿を保っていますが、後期ロマネスクのベイに相当する輪郭に、六分ヴォールトを支持する6本の柱が立っている点が異なっています。この構造体が、交互に高さと太さを変えた柱が立つ［図110］上段の構造体よりも堅牢で、安定した構造体であることは明らかでしょう。このため、六分ヴォールトを採用した教会堂は、一般に、それまでの半円交差ヴォールトの教会堂の規模を凌駕する、大規模な教会堂として実現しています。

六分ヴォールトは尖頭アーチの特徴、柱間と高さの関係を自在に調整できる特徴を利用して、後期ロマネスク教会堂で現れた正方形平面のベイの考え方を踏襲しつつ、スケルトンを改良したものであったと考えることができます。

初期ゴシック教会堂にはじまるもうひとつの特徴は、「フライングバットレス（飛控）」[図112]の採用です。ロマネスク教会堂が厚みのある壁体を構造体としていたことに対し、身廊で柱とアーチの構造にたどり着いた考え方を、側廊にも当てはめたことです。

身廊が外に向かって倒れようとする力に対し、壁体をたんに省略しただけでは側廊が十分に対抗できません。このため、従来の壁体とは平面上で直交する方向にバットレス（控壁）を設けることで対処し、側廊にも大きな開口を獲得しました。

側廊の外に建てた控壁は身廊まで距離があります。これをアーチでつなぐという技法が生まれました。このアーチを用いた控壁を「フライングバットレス」と呼び、後期ロマネスクの時代に現れたアイデアですが、ゴシック教会堂で積極的に常用され、その外観に鮮明な特徴を与えています。

ロマネスク時代の最後の頃、クリアストーリィを実現しようとする意思は初期の目的を達しつつあり、あらたな目標は開口の拡大に向かったようです。その理由は採光のためではありません。後期ロマネスクの時代頃から並行して発達していたステインドグラスを積極的に採用するためのものでした。

当時のガラスは大きなものがつくれず透明度も低かったため採光の効果は期待できません。ただ、さまざまな金属を加えることで多様な色彩のガラスがつくられていました。これらのガラスの小片を鉛のサッシュでつなぎ合わせることで大きな開口を覆うことに対応していましたが、色彩ガラスの特徴を生かしておもに聖像画をつくるようになります。このためステインドグラスの技術は、ほの暗い教会堂の中に並ぶ、バックライトを受けて光る聖像画を生み出すことになりました。ステインドグラスのこの効果こそ、開口の拡大がめざされた原因でした。

4.六分ヴォールトと四分ヴォールト

11世紀の終わり頃からはじまった変化は、12世紀中頃にゴシック様式を生み出し、12世紀のうちに定型へと整理されていきます。［図113］は盛期ゴシック教会堂のヴォールト架構です。

初期ゴシック教会堂では、後期ロマネスク教会堂の正方形平面のベイを踏襲しつつ、スケルトンを改良して六分ヴォールトを生み出しました。その結果、身廊ヴォールトを

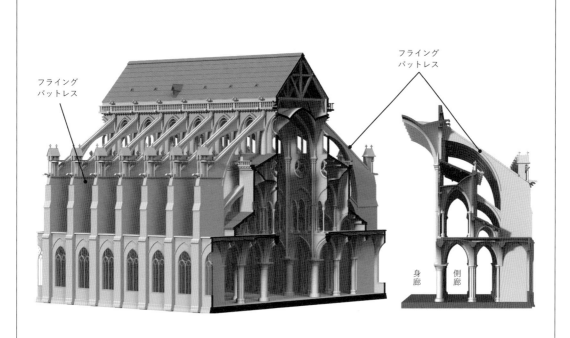

フライング
バットレス

フライング
バットレス

身　側
廊　廊

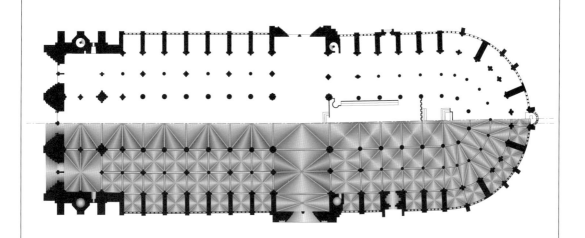

［図112］　パリのノートルダム大聖堂（1163着工〜1225年）

6本の柱で支持することになり、ヴォールトの形状に大きな変化、六分ヴォールトへの変化を喚起することになったと考えられます。

　ところが、尖頭アーチの特徴をよく考えれば、正方形平面のベイにこだわる理由は何もありません。半円交差ヴォールトの場合と同じようにヴォールトを交差させながら、直交する平面のふたつの辺の長さを自在にとりながらもアーチの高さをそろえることは、なんの問題もなく実現できるからです。

　［図113］の「四分ヴォールト」が実現することは時間の問題であったと思えます。六分ヴォールトを架けた内観は、パリのノートルダム大聖堂（1163年着工）やランの大聖堂（1155年着工）など、初期ゴシック様式を代表する聖堂でみることができますが、事例は多くありません。半世紀後の12世紀の終わり頃には、四分ヴォールトの時代へと移行したためです。身廊に半円交差ヴォールトを架けた時代にはじまった正方形平面のベイは、ここに至ってようやく正方形の持つ幾何学的な軛（くびき）から離れ、自由度の高い矩形平面を持つことになりました。

　［図114］は、ヴォールトだけをとりあげて六分ヴォールトと四分ヴォールトを比較したものです。六分ヴォールトがずいぶん複雑な形状であることがよくわかります。複雑すぎる形状をとることは、建築生産の場面にとってもちろんいいことではありません。部材加工の難しさや架構の構築過程など、いろいろと問題が発生しかねません。とはいえ六分ヴォールトの発明は、12世紀の西ヨーロッパの工匠たちが、高い技量を獲得していたことを物語っています。

5.ロマネスク様式とゴシック様式

　ロマネスク様式とゴシック様式の区分は、伝統的に半円アーチと尖頭アーチの相違を以て区分されてきました。ただ、スケルトンの発達の過程をみると、ロマネスク様式の教会堂とゴシック様式の教会堂は、西欧教会堂建築の連続した発展形態を示しています。さらに初期ゴシックの架構法はふたつの様式の過渡的な状態をよく示していることもわかります。

　石造ヴォールトのもとでクリアストーリィの実現をめざしたスケルトンの発達過程は、半円交差ヴォールトを経て柱間と高さのとりあいが自由になる尖頭アーチへと移行し、半円アーチのベイにもとづいて現れた六分ヴォールトを経て四分ヴォールトへ到達しました。このヴォールトの発達過程を、［図115］に整理しておきましょう。わずか200年ほどのあいだに、架構に対する考え方が大きく発展したことがわかります。

　盛期ゴシック様式の四分ヴォールトだけをみれば、半円交差ヴォールトがたんに尖頭ヴォールトと入れ代わったもののようにもみえますが、四分ヴォールトへ至る途上に、短期間ですが複雑な六分ヴォールトを経たことは注意すべきことです。このことは、教会堂の発達がたんにヴォールトの工夫だけにとどまるものではなく、身廊のヴォールトを支持する方法、身廊と側廊の柱間のとりあい、ヴォールトのリブと束柱の接続法など、平面形式を含めたスケルトン全体を視野に入れた見直しと連動して生まれた発達過程だ

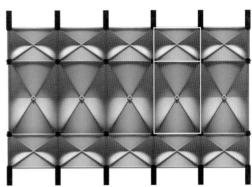

[図113] 盛期ゴシック教会堂のスケルトンモデルと見上図
初期ゴシック教会堂が六分ヴォールトを発明した半世紀の
のち、ゴシック教会堂は四分ヴォールトを用いるようになっ
た。四分ヴォールトは、半円交差ヴォールトと考え方は
同じだが、尖頭アーチを用いたことでベイの平面形状が正
方形に拘束されることがなくなった。構造単位の平面形状
の自由度の高さは、教会堂規模の拡大に寄与した

六分ヴォールト

四分ヴォールト

[図114]　六分ヴォールトと四分ヴォールト

ったことを示しています。

—— 付・後代のゴシック・ヴォールトの展開 ——

　最後に、ゴシック様式の最終段階で現れたヴォールトについて触れておきます。［図116］はケンブリッジ大学キングスカレッジの礼拝堂のヴォールトを示したものです。このヴォールトは1512 〜 1515年の間に完成したもので、1/4円の弧を立てて水平方向に半回転させた軌跡が生み出す曲面を、向かい合わせに並べたような姿です［図117］。このヴォールトは「扇形ヴォールト」と呼ばれています。

　円弧の一部を用いる点、各所に尖頭アーチが現れることなどから、ゴシック様式のヴォールトのひとつに区分されています。しかしこのアイデアは、先に述べたロマネスクからゴシックに至るヴォールトの変遷過程の延長にはありません。

　時代が下ったのち、円弧の持つ特徴や尖頭アーチの特徴をあらためてよく吟味したうえで、独自のアイデアにもとづいて生まれたものだと考えられます。

註
1）下記文献の復原案にもとづいて作成。
　 Banister Fletcher, *A HISTORY OF ARCHITECTURE (18th edition)*, University of London, The Athlone Press, 1975.

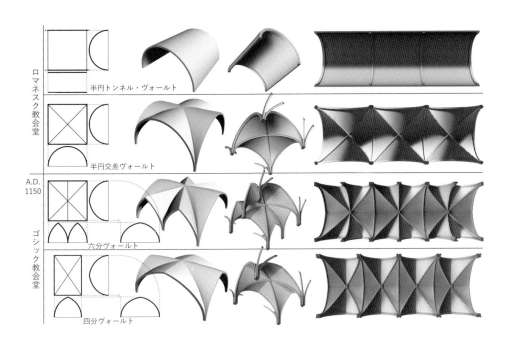

ロマネスク教会堂

半円トンネル・ヴォールト

半円交差ヴォールト

A.D. 1150

ゴシック教会堂

六分ヴォールト

四分ヴォールト

［図115］　ロマネスクからゴシックへ至るヴォールトの発達過程

［図116］　キングスカレッジ礼拝堂の
扇形ヴォールト（16世紀初頭）

［図117］　扇形ヴォールトの形状モデル

II | 木材を架ける
柱・梁構造の世界

柱と梁（桁）の架構は、細長い部材が容易に入手できる地域、
木材が豊富な地域で生まれました。
この地域は雨や水に恵まれた地域であり、
そのような土地は木材腐敗菌が繁殖し、
木造の建造物にとっては不利な地域でもあります。
長期の使用に耐える木造建築をどのように実現するか、
世界の古代文明はこの問題にさまざまな回答を示しています。
その大まかな傾向は、木構造を石造に置き換えていった地域、
木造のまま耐用年限を延ばそうとした地域というふたつの方向に分かれています。

木造を石材に置き換える過程は簡単ではありませんでしたが、
石造化したことだけで問題の多くが解消されました。
しかし木造のまま耐用年限を延ばしていった地域は、
いくつもの工夫を重ね合わせることでこの問題に対処しています。
第II部では、これら柱・梁構造で考えられたアイデアの様相をみていきましょう。

4. 柱を立てる、屋根を載せる

　第Ⅱ部では柱・梁構造をとりあげます。東アジアの木造建築にみられる長寿命化の技法を整理し、このことを手がかりに、石造化をめざした文明にみられるアイデアや、同じテーマに対し、異なる回答を示した世界各地の技法をとりあげて比較したいと思います。

　石造建築が耐久性（直接には耐水性）を追求してきた姿勢は、木造の建築とは大きく異なっています。その理由は、石造建築など建築材料が高い耐久性を持つものは、木造建築で起きていたさまざまな問題がほぼ自動的に解決されてしまったためです。しかし、木造のまま耐久性を追求した建築では、木材の弱点をいかに補強するかという問題が、建築の各所それぞれの場面で工夫されていきました。この結果、同じ柱・梁構造の建築を比較すると、建築のシルエットは石造建築よりも木造建築のほうがより複雑な様相を呈していきます。このことは、たとえば［図1］のように、石造の古代ギリシア神殿と東アジアの仏教建築を比較すれば一目瞭然です。同じように基壇上に柱が並ぶ建築にもかかわらず、柱頂から上方の仕組みや軒の深さなどに、歴然としたシルエットの相違が認められます。

　このように、石造建築と木造建築では発達の方向が大きく異なったことを念頭において、本章ではまず、瓦の発明以前に現れた柱・梁の架構の特質と、この時代に基本形が生まれた屋根形状、継承された屋根架構の技法について考えていきましょう。

4・1 ｜ 柱と梁の架構の発生

　木材が豊富に産出し木造の施設が主流であった地域では、木材腐敗菌のために恒常的な施設へたどり着くことが難しい状況でした。このため、木材を石材に置き換える文明も現れましたが、木造建築の石造化についてはのちにとりあげます。本節ではまず、木材を用いたまま恒常化をめざした文明、とくに東アジアの建築を中心にその技術的なアイデアをとりあげます。

　木材腐敗菌は適度な酸素、水分、気温の環境がそろうと急激に木材を腐朽させます。湿度の高い状態は、土中の水分が蒸発を続けるため地表面の近辺でとくに顕著です。木造架構を経験した初期の文明では、ほとんど例外なく掘立柱を用いていますが、柱根を土中に埋設して強固に屹立させる構法は、一方で地表面近くで柱が腐朽しやすい状態を受け入れなければならないものでした。むき出しの木造部材であれば、どこに使われようと腐朽は進みますが、まだ上部架構がしっかりしていても、柱の足下で腐朽が進んでしまえば建物にとっては致命的です。したがって掘立柱の構法は、木造建築の寿命に限界を与える大きな要因のひとつでした。

［図1］　パルテノン神殿（前438年頃、上）と平等院鳳凰堂・中堂（1053年、下）
柱・梁構造の建築は、耐用年限を延ばすための工夫に2種類の方向がみられる。
第1のものは柱と梁の架構を石造に置き換えようとし、第2のものは、木造
のまま工夫を重ねていった。その結果、シルエットに大きな相違が現れる。
とくに軒の出が大きく異なっている。第1のものは極度に短く、第2のもの
は大きく伸び出しており、軒下にこれを支える仕組みも観察される

とはいえ、王権の発達にしたがい、その木造建築の寿命をできるかぎり延ばそうとする工夫もはじまっていました。序章で述べましたが、あらためて確認しましょう。柱と梁を組み合わせた架構は、木材が豊富に産出する地域で発達します。人類が棲息していた地域の大半は木材の豊富な地域でしたから、木造の住居の痕跡は、特別な乾燥地域や寒冷地を除いて世界各地に残っています。それらの住居は、初期には木材を斜めに架けて組み合わせ、屋根とも壁ともつかない円錐や多角錐のような形状の架構が多かったようです。斜材は大地に直接埋められていましたから、意外にしっかりした架構ではなかったかと思われます。

　しかし架構を拡大して内部空間を広げるためには、これらの斜材を室内で支持する架構が必要になります。ここに、柱と梁が生まれる最初の素地があったと考えられます。掘立柱に横架材を縄などで結び付けた架構が多用されるようになると、その上に屋根架構を載せるような工夫へと発達していきました。

1. 家屋文鏡

　初期の木造の施設は、ほぼ例外なく短命な掘立柱を採用していましたから、現在まで残る例は存在しません。そこで、登呂遺跡の竪穴住居の復原研究などでも参考にされた、奈良県の宝塚古墳（4世紀後半）出土の「家屋文鏡」[図2] の図像を手がかりに考えてみましょう。

　家屋文鏡は希少な国産の銅鏡で、背面に描かれた画像は当時の日本の建築を表したものと考えられています。おそらく当時、特別な施設と考えられていた4つの建物が描写されています。このうち [図3] 右の建物は、ごく普通の竪穴住居のようにもみえますが、突き上げの戸を持つ入口前に露台と日傘と思われる図像が加えられているため、これも特別な建物であったと考えられています。

　[図3] 上の建物は基壇上に建ち、[図3] 左と下の建物はいずれも高床の建物です。入母屋造様の屋根の姿を描いており、下の高床建物では切妻造（きりづまづくり）の屋根が描かれています。[図4] はこの画像をもとに、木組や小屋組を推定して復原したものです。

　[図4] の屋根に注目してみましょう。その姿は特徴的で、屋根頂部にある棟が左右に大きく延びて破風（はふ）の頂部が外に向かって倒れ込み、逆さの台形の姿をみせています。そして棟の両端に神社本殿などにみられる「千木（ちぎ）」の原型と思われる2本の線が描かれています。

　また棟の形は、中央がわずかに起（むく）ったゆるやかなカーヴを描いています。この様子は、銅鏡の同心円の装飾の内側に閉じ込められたことで、円の輪郭の影響を受けて現れたようにみえないこともありません。しかし、家形埴輪の中にも一定数、同じように屋根の中央がわずかに起った例がみられます。このため長く延びた棟の両端が、やや垂れた形状を表していると考えられます。片持梁の状態で棟木を延ばしているため、経年変化によって両端が垂れてきた状態を表しているのでしょう。

　ではなぜ、無理をして棟を長く延ばそうとするのでしょう。この理由は、妻壁を風雨

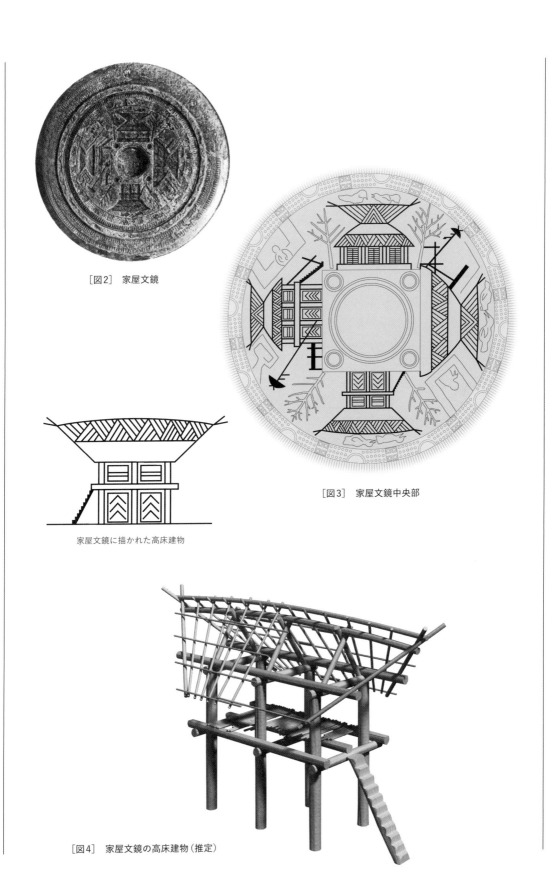

［図2］　家屋文鏡

［図3］　家屋文鏡中央部

家屋文鏡に描かれた高床建物

［図4］　家屋文鏡の高床建物（推定）

から守ろうとするためです。切妻屋根（入母屋屋根の上部も同様です）は、四方に傾斜した屋根面を持つ寄棟造の屋根と異なり、両端の三角形の妻壁が風雨に晒されやすく弱点になります（［図4］の妻には壁がなかった可能性もあります）。この三角形の壁面あるいは空隙を風雨から保護するために、傍軒（そばのき）を大きく延ばすことがめざされました。傍軒は妻側に延びた軒を意味する言葉です（［図6］住吉大社本殿を参照）。しかし、たんに傍軒を延ばして妻壁を保護しようとしたことで、外に向かって倒れた破風が現れたわけではないようです。

　［図5］は、［図4］で復原を試みた家屋文鏡の高床建物の屋根架構をとりあげたものです。この屋根の姿を念頭において考察を加えてみましょう。

2. 破風の転びと扠首構造

　［図5］に示した高床建物の小屋組は、最も可能性の高い扠首（さす）構造を想定しています。扠首は部材数が少なく簡素な架構であったため、初期にはよく使われたと考えられる小屋組です。ただ、扠首構造には弱点があります。上部荷重を受けても扠首の足元がひらかないよう、梁上面などに簡単な扠首受けを設けていたと思われますが、妻方向には比較的簡単に倒れてしまう架構です。この弱点を補うために、破風を斜材のように傾けた（建築用語で「転び」）のではないかと考えられます。

　外に向かって大きく倒れ込んだ破風は、上部荷重に押されて扠首が妻の方向に倒れかかると一方が立ち上がるように変位し、棟木を通じて扠首を持ち上げることで、扠首構造の倒れ込む動きを抑制するように動きます。そして破風が外へ向かって大きく倒れる形象は、屋根の姿を強調し、記念碑的な性格を与えるデザインとして受け止められていったと思われます。また、大きく傾斜した破風は、［図7］の家形埴輪や［図8］の前漢（紀元前100年から紀元前後）の時代にさかのぼる中国の明器「祭祀銅貯貝器」（雲南省で出土）の装飾などにもみることができ、後述するインドネシアのトラジャ地方、トンコナンの伝統的な住居など、広範な地域に広がっています。

　外に向かって倒れ込む破風の姿は、その原型がどこかに存在し、各地に伝播した可能性も予想されてきましたが、雨量の多い地域では、風雨に晒されやすい切屋屋根の妻壁をいかに保護するかという共通の問題を抱えており、最もよく使われたであろう扠首構造の補強という目的とともに、各地でそれぞれよく似た対処法が現れたと考えることができそうに思われます。

　破風を外に向けて倒すという解決法は、部材どうしを合わせて縄で結合するような、柔軟な接合法を用いているうちは容易に実現することができたでしょう。しかし、加工道具が発達して部材に仕口を刻んで接合するようになると、かえって加工の難しさが問題になったと思われます。このため破風の転びは、古代のうちに、いったん消失した時期があったと考えられます。そのように考えられる理由は、古代の気配を積極的に引き継いだと考えられている神社建築、たとえば20年に1度建て替える伊勢皇大神宮正殿［図9］、出雲大社本殿（延喜元年、1744）、住吉大社本殿（文化7年、1810）［図6］、春日大社

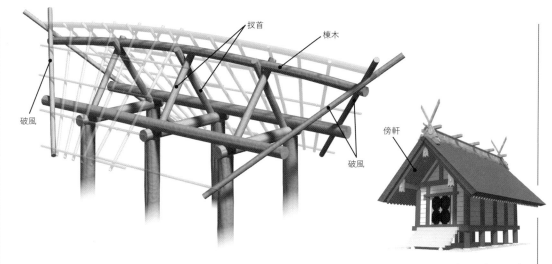

[図5] 家屋文鏡の高床建物の小屋組（推定）

[図6] 住吉大社本殿（文化7年、1810）

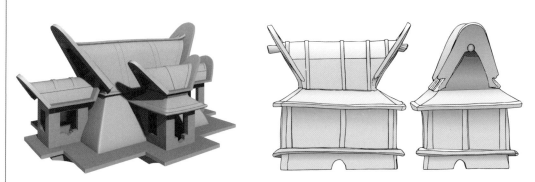

[図7] 家形埴輪

家屋文鏡 [図3] の描写や家形埴輪 [図7] の一部には、中央がやや高くゆるく湾曲する棟の姿がみられる。この姿は経年変化によって棟の両端が垂下する様子を写した可能性が高い。このような経年変化に対処するため、棟持柱が施設されたと考えられる

[図8] 祭祀銅貯貝器（部分）

外に向かって強く倒れ込む（転びを持つ）破風 [図5・7・8] は、扠首構造の弱点である妻方向に倒れ込みやすい脆弱性を補強しようとして現れた可能性が高い

本殿（文久3年、1863）、賀茂別雷神社本殿・権殿（157頁［図104］）など、いずれの社殿も、古式な切妻造の屋根形式を守りながらも破風の転びがほとんどみられないためです。

3. 棟持柱

　切妻造の屋根に付随する長く延びた傍軒は、先に述べたように、経年変化で両端が徐々に垂下していきました。この事態に対処するため傍軒を補強しようとする第2の工夫が考えられました。この工夫は「棟持柱」を用いて傍軒の棟木を支持しようとするアイデアです。棟持柱は、現在でも伊勢皇大神宮正殿［図9］や仁科神明宮本殿（江戸中期）など、限られた事例が残っています。

　かつて棟持柱がよく使われていたことは、いくつもの発掘例が示しています。［図10］はその例です。滋賀県伊勢遺跡の発掘例では左右6本ずつの2列の掘立柱の柱穴とともに、妻側の少し離れた位置に、長く伸びた楕円形の柱穴がみられます。これらは棟持柱の痕跡と考えられ、本体から距離のあることから、棟持柱が斜めに立っていたと推定されます。また鹿児島県王子遺跡で出土した小規模な建物では、棟持柱の位置が建物の中心線から外れた位置をとっています。おそらく建物本体が板倉か校倉で、棟持柱が支える簡素な屋根が本体の架構と独立して架けられていたことを示してます。小規模な施設では、棟持柱が屋根全体を支持していた場合が存在し、この構法が原型であった可能性にも注意しておきましょう。

　［図11］は、伊勢遺跡の建物と同様に、斜めに立つ棟持柱を持った建物を推定したものです。手前の図は小屋組を復原し、屋根葺材を取り去ったものです。この図をみながら棟持柱がなぜ斜めに立つのか考えてみましょう。

　先に触れたように、初期の切妻造の小屋組は簡易な扠首構造であったと思われますので、［図11］の想定図もそのように考えています。破風の考察について述べたように、扠首構造は上部荷重によって扠首が妻の方向に倒れかかる脆弱さを抱えています。したがって斜めに立つ棟持柱は、雨に晒されてしまうのですが、扠首構造の小屋組が妻方向へ倒れ込もうとする動きを抑えるための処置であったと考えられます。

　そのようにみると、棟持柱には2種類の働きが期待されていたと考えられます。第1の働きは、傍軒の荷重によって棟木の先端が垂下することを防ぐという機能です。そして、扠首構造だけでは対処が難しい小屋組が妻方向へ倒れ込む動きに対抗する機能です。しかし棟持柱が十分に太く、掘立柱として強固に自立していれば、必ずしも斜めに立てる必要はないと思えます。伊勢皇大神宮正殿の棟持柱は非常に太く堅固な掘立柱です。柱が斜めに立っていた時代の気配を残すようにわずかな内転びを持っていますが、垂直に近い状態を保っている例です。

　101頁の［再掲図8］に示した紀元前の中国の事例は、おそらく南方の雨の多い地域の様子を反映して、破風が大きく傾いた屋根形式をみせています。この家形装飾の事例は、棟持柱の例としてあげられることも少なくないのですが、2本の柱だけで屋根を支えるという構造です。たしかに棟まで届く柱を使っていますが、傍軒を支持する目的で、建

棟持柱

［図9］　伊勢皇大神宮正殿

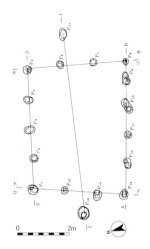

鹿児島県王子遺跡の棟持柱建物址

滋賀県伊勢遺跡の棟持柱建物址

［図10］　棟持柱建物の発掘例

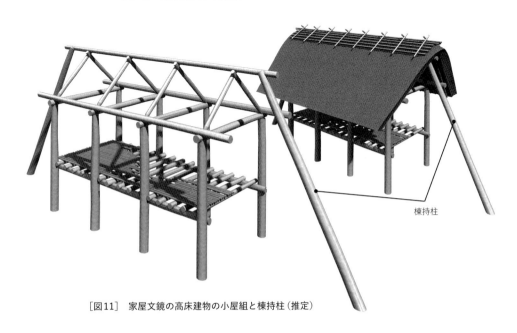

棟持柱

［図11］　家屋文鏡の高床建物の小屋組と棟持柱（推定）

物本体から離れて立つ棟持柱と同じ性格のものではありません。

　一方、［図12］のインドネシアの高床住居、トラジャ地方トンコナンの伝統家屋の棟持柱では、長く延びた傍軒を斜めに立つ棟持柱が支持しています。ただ、足下に並ぶ夥しい柱（束）と足下を固める3段の貫は、この建物が、のちに詳述する「礎石柱」としているためにとられた処置のようで、もとの掘立柱の時代には、おそらくこれほどの柱や貫を要することはなかったでしょう。そして棟持柱は、礎石柱の上に垂直に立つ例もありますが、古写真などで確認される例では、斜めに立って棟木を支持する例が数多くあり、こちらが本来の姿だったと思われます。

　インドネシアの切妻造でも、妻側に向けて小屋組が倒れようとする力に対処するため、棟持柱を斜めに立てているのだと思われますが、さらに、大きく伸びて倒れ込む破風板は、意匠的な効果も期待されて形式化した姿で、もとの機能である小屋組の補強と妻壁の保護という機能をあわせて持っています。

4.切妻屋根の工夫

　切妻造の屋根は最も簡易な屋根形式ですから、世界各地でそれぞれ独自に実現した屋根形式と考えられます。そして雨の多い地域では、この屋根形式に付随して長く延びた傍軒、外に向かって倒れかかる破風、斜めに立つ棟持柱などが現れました。

　草や土を葺いた屋根の荷重に対し、初期の切妻屋根の小屋組は簡素でかなり脆弱だったようで、このため、さまざまな補強が工夫され、重ねられていったと考えられます。これらの工夫は、素朴な掘立柱住居の造営の経験を通じて、切妻屋根の妻壁が風雨に晒される弱点を克服し、同時に、簡易な小屋組の構造的な補強という意図を含むアイデアでした。

4・2 ｜ 木造建築の屋根形式

　世界の木造建築にとって、雨水から建物の躯体を守り、居住空間を確保する屋根は、常に最大の関心事でした。これから日本の寺院建築をとりあげて凝縮されたさまざまな工夫について触れていきますが、その前に、基本的な屋根形式について整理しておきましょう。切妻造、入母屋造、寄棟造、方形造（宝形造）の4つの基本的な屋根形式について、とくに屋根どうしの相互の関係について整理することとします。

1.切妻造と入母屋造

　切妻屋根は木造建築の最も素朴な形式として、木材の豊かな世界で生まれた形式です。すでに述べてきたように、この形式の屋根は方向性があって弱点を持ちますが、この弱点を補う工夫をみてきました。

　日本の寺院建築では、入母屋造の屋根が最も多く採用されています。この屋根形式は、切妻屋根を載せた主構造体である身舎を中央に配置し、その四周を付属構造体である庇

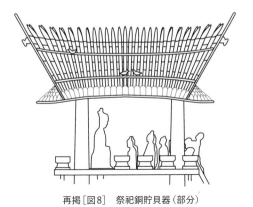

再掲［図8］　祭祀銅貯貝器（部分）

日本建築の棟持柱という用語は、棟木まで届く柱を意味する場合［図11］と、妻に伸びた傍軒の棟木の垂下を防ぐため、建物の躯体から離れて立つ独立柱を意味する場合とがある。再掲［図8］は器具の装飾であるため曖昧な点もあるが、この柱は傍軒を支持する独立柱ではない。また独立柱である棟持柱は、斜めに立つ場合がある。独立柱であり掘立柱であることで可能な立て方である。棟持柱が斜めに立つ理由は、初期の切妻屋根の小屋組の弱点を補強しようとしたものであった。発掘された日本建築にもインドネシアの住居［図12］などにもみられる普遍的なアイデアである

棟持柱

［図12］　インドネシア・トラジャの高床住居

で囲むことで成立した姿です。[図13]はその考え方を示したもので、最終的に身舎の屋根と庇の屋根は一体化します。ここに示した身舎と庇の構成は、古代の文献に残された建築形式の表記法である「間面記法」でいえば、「三間四面」という状態です。「三間」は身舎の正面の柱間数[図13上]を示し、その「四面」に庇が付属するという意味です。身舎について正面柱間数だけを明記する理由は、身舎の上部にかかる梁の長さに制約があるため、側面柱間が極端に大きくなることがなく、二間程度で固定していたため記す必要がなかった、と解釈されてきました。

したがって古代建築の拡大は、正面からみて左右の柱間数を増やすことで対応しました。正面柱間数が五間、七間、九間などと増加するにつれ、横に長く延びていくことになります。現存する最多の身舎柱間数を持つ例は、蓮華王院本堂（俗称「三十三間堂」）です。間面記法では「三十三間四面」、正面の柱間数は両端の庇の間を合わせて三十五間もあります。この仏堂は鎌倉時代に入って文永3（1266）年に建立されたものですが、古代末期に造営された前身建物を踏襲したため、中世では珍しく、古代的な横長の仏堂として造営されました。とはいえ組物の構成などに中世的な特徴がみられます。

身舎と庇を組み合わせた構成は、庇の数が無から最多の四面まで変化できることを意味します。また、日吉大社の西本宮本殿（天正14年、1586）や東本宮本殿（文禄4年、1595）のような三面庇の例もあり、さらに文献から、庇の構成にはさまざまな組み合わせがあったことが知られています。

また庇の先にさらに庇が付く場合もあります。庇に付く庇は「孫庇（まごびさし）」と呼ばれます。たとえば[図14]の當麻寺本堂（曼荼羅堂）の創建建物（永暦2年、1161）は、前方に孫庇を設けて堂の奥行きを広げて礼拝空間を確保した例で、屋根の形状は身舎と庇の葺き下ろしに合わせて一体の姿になります。

入母屋造の屋根は、以上のように構造体が複合した結果として生まれたものですが、古代においてすでに例外があります。平等院鳳凰堂・中堂（天喜元年、1053）は身舎の四周に庇を持たず、直接裳階（もこし）をめぐらせています[図15・16]。裳階もまた付属の構造体ですが、低い独立屋根を持ち、庇よりも一段と華奢で簡易な構造体で、通例は庇の外に付属します。ところが鳳凰堂では、正面三間側面二間の身舎に、直接裳階をめぐらせており非常に珍しい例です。そのような構成であれば、身舎の上部には切妻屋根が載ることが自然でしょう。しかしここに、下部の構造体と分離し独立した入母屋屋根を載せています。下部の構造体と屋根架構との分離は中世に入って鮮明になっていきますが、この時代にすでにその傾向が現れており、入母屋造の屋根形式が、下部の構造とは無関係に、そのような形式の屋根として認識されつつあったことを示しています。

通例、組物は庇柱の上に載りますから、背後の身舎柱と繋梁で接続することで丸桁を支持し、深く延びた軒を支持する力を得ています。しかし鳳凰堂中堂では、組物が身舎柱の上に載るため、背後に繋梁（つなぎばり）を架けるべき柱が存在しません。そのため類例のない組物の形式になっている点にも注意しておきましょう。

入母屋造の屋根形式は、寄棟屋根と異なり屋根の妻側上部に小さな傍軒と妻壁を持つ

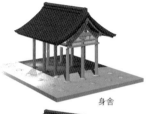

身舎

庇を加える

庇に屋根を架ける1

庇に屋根を架ける2

入母屋屋根の成立

[図13]　古代建築の身舎・庇構成のとらえ方

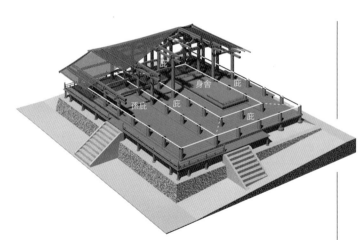

[図14]　當麻寺本堂（第2次前身堂に孫庇を加えた1161年以前の姿）
「身舎」に直接接続できる「庇」の数は、「身舎」が矩形平面のため最大で四面である。しかし庇の先に、さらに庇を設ける場合がある。この種の庇を「孫庇」と呼ぶ。また、前方に取り付く「孫庇」を「前庇」と呼ぶこともある。古代仏堂が密教の修法などに合わせて仏堂前面の空間を拡大するために設けた例がある。當麻寺本堂（曼荼羅堂）では、現在の姿に改造される以前、五間四面の前方に孫庇が付属していた

身舎の四周を
めぐる裳階
（半透明部分）

[図15]　平等院鳳凰堂・中堂

身舎　　裳階

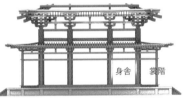

身舎　裳階

[図16]　平等院鳳凰堂・中堂の身舎と
裳階のとりつき

平等院鳳凰堂・中堂［図15・16］は身舎構造に直接裳階を付属させた類例のない構成をとり、身舎上部に入母屋造の屋根を載せている。裳階は正面と両側面三方を吹き放しとするが、背面を室内に取り込んで身舎外まで奥行きをとることで、本尊をめぐる行法を可能にしている

ています。屋根の形として不思議な形状ですが、この屋根形式は本来、身舎と庇それぞれに屋根を載せたふたつの構造体が合体することで生み出された姿でした。そしてその後、この屋根は独立した屋根形式のひとつとして成立していきました。

2.寄棟造と方形造

　紀元前1800年から1000年にさかのぼる古代中国の遺跡群では、発掘された平面形式や柱位置などから、寄棟屋根の建築として復原されたものがいくつもあります。[図17]は二里頭遺跡で発掘された宮殿址で、前1800年頃にさかのぼる、現在確認できる最古の宮殿址と考えられています。この建物址は、基壇が南に向かって大きく広がっていること、掘立柱の柱穴が大きいものひとつと小さいものふたつで三角形を描く配置を以てセットをつくり、このセットがほぼ等間隔を保って並んでいること、一方、建物の内部には柱の痕跡がまったく残っていないことなど、手がかりが非常に少なく復原の難しい遺跡です。それでもいくつか復原案がつくられてきました。

　[図17]はそのうちのひとつで、大胆な想定を加えて提出された復原案です。まず、大きな基壇の上に上部基壇を重ねていたと考えています。3本の柱のセットのうち、2本の細い柱（小さな柱穴から復原）は推定された上部基壇の外をめぐる下部基壇の上に立ち、太い柱は上部基壇上に立てています。細い2本の柱が基壇外に踏み出した提案は、前1600年頃の盤龍城遺跡宮殿址の復原案（137頁[図67]）を手がかりにしたもののようです。屋根の姿は2段の屋根構成としていますがたしかな根拠はありません（この復原案は検討すべき点がありますのでのちに詳述します）。

　発掘図面では、西の一部で3本セットの柱構成のルールが崩れているところもあり、建物は左右対称ではなく西側の柱間がわずかに大きいようです。しかし、大小3つの柱穴のセットが四周を取り巻いており、同じ軒が平にも妻にも存在したことを示していますから、切妻屋根は考え難く、復原案が寄棟屋根としたことは妥当な判断と考えられます。

　寄棟屋根は、宮殿などの特別な施設に採用されていたようです。その理由は、切妻屋根のような弱点を持たないためで、より長寿な施設であることが期待できたためです。しかし、この屋根形式は、屋根の四隅に隅木を用いるため技術的に複雑な納まりが必要です。手のかかる構法でしたから、王権が造営する特別な建築に採用されることになったと考えられます。

　[図18]は、古代の典型的な寄棟造の屋根（唐招提寺金堂。8世紀末頃）です。平と妻それぞれの屋根面が接続する位置、平の屋根面どうしが接続する位置は、いずれも浸水が起こりやすい場所です。このため隅棟、大棟を載せて防水上の弱点を補っています。[図19]に掲載した古代末期のふたつの仏堂、中尊寺金色堂（天治元年、1124）と白水阿弥陀堂（願成寺阿弥陀堂。永暦元年、1160）は、四角錐のような姿を持つ方形造（宝形造）の屋根です。いずれも阿弥陀像を祀る「一間四面堂」、正面一間の身舎四周に庇をめぐらす小型の仏堂で、室内中央の方一間に本尊を安置しています（中尊寺金色堂はのちに

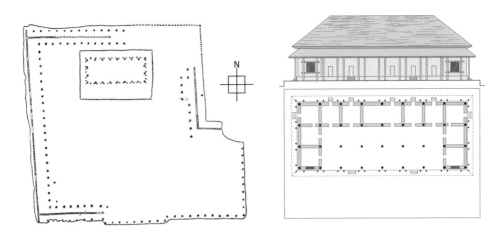

[図17]　二里頭遺跡宮殿址（左）と宮殿遺構の復原案（従来説、右）

二里頭の宮殿址は不明な点が多い。とくに建物の四周以外に柱の痕跡が一切残らない点が復原を難しくしている。それでも複数の復原案が提出されている。本図はそのうちのひとつ。四周に同じ構成の柱の痕跡が残ることから、切妻屋根は考え難く、寄棟造の屋根を載せていたことはほぼ確実である。ただ3本をセットにした掘立柱の痕跡は二重屋根の可能性を否定するようである

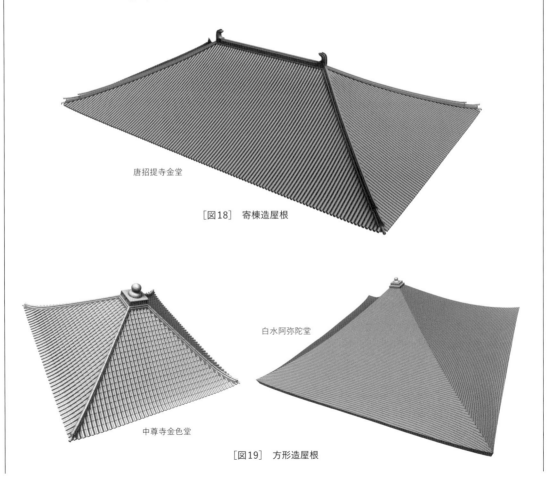

唐招提寺金堂

[図18]　寄棟造屋根

白水阿弥陀堂

中尊寺金色堂

[図19]　方形造屋根

背面左右にも仏壇を設けています）。

　「一間四面堂」は、古代末期の阿弥陀信仰の隆盛とともに平安貴族の持仏堂としても数多く造営された仏堂形式で、多くのものが正方形平面を持ちますが、たとえば三千院本堂（往生極楽院本堂。久安4年1148創建、江戸時代に大改修）のように身舎の奥行きを二間として正面三間、側面四間とする例もあります。当然ですがこの場合は方形造の屋根にはならず、奥行きに長い寄棟造の屋根が載り、妻入になります。

　方形造の屋根形式は、寄棟造の亜種と考えていいでしょう。つまり寄棟屋根の大棟が、最も短くなった状態の屋根の姿です。その極小の棟に載る棟飾は、［図20］の法隆寺東院夢殿（天平11年、739頃）の棟飾のように見事な造形をみせる例もありますが、これはたんなる装飾ではありません。方形造の屋根の頂点は、最も浸水しやすい弱点です。ここに金属製の棟飾を載せることで、雨水の浸入を防ごうという意図です。そして安定のため、装飾を加えて自重を増やしています。

3.隅木と垂木

　寄棟屋根と入母屋屋根には隅木と呼ばれる部材があり、平と妻の屋根が接続する隅で屋根荷重を支持します。一方垂木は、屋根面に並ぶ比較的繊細な部材ですが、その架け方は大まかに2種類あります。平行垂木［図21］と扇垂木［図22］です。そして後述する隅だけを扇垂木とした隅扇垂木という形式があります。日本建築では中世以後これらの垂木配置は自在に、それぞれの様式にしたがって使い分けられました。しかし本来の姿をみると、両者は構造上の性格が異なっています。

　大きな相違は、隅木に対する垂木のありようです。扇垂木の場合、隅木の周辺の垂木は隅木の上部荷重による負荷を分担するように働きます。ところが、平行垂木は隅木に接続して隅木の負荷を増やしてしまっています。したがって構造的に自然な状態を考えれば、間違いなく扇垂木があるべき姿です。しかし扇垂木の配置は、緻密な部材加工を実現しようとするほど難しいものになります。

　扇垂木では1本1本の垂木がそれぞれの位置に少しずつ振れを持ち、位置を変えながら配置されますが、その配置される対象は、軒反りを持つ木負や萱負がつくる軒の曲面です。素朴な建造物の時代では、扇垂木を配置する過程はそれほど困難な作業ではなかったでしょうが、時代を経て造営する建築各部に精密な納まりが求められるようになればなるほど、扇垂木は技術的に精度が求められ、手間のかかる配置方法になっていきました。とくに角垂木を用いた場合、円形断面の垂木の場合よりも一段と難しい加工が求められます。曲率を持つ木負や萱負に角垂木が載る場面は、点や線ではなく面で接することになるためです。

4.後代の垂木の配置

　平行垂木は、ほぼ等間隔を保って垂木を平行に並べる架け方です。日本の古代、中世の和様の堂塔ではほとんど平行垂木を採用しており、和様建築の特徴のひとつです。［図

［図20］　法隆寺東院夢殿（天平11年、739頃）の棟飾

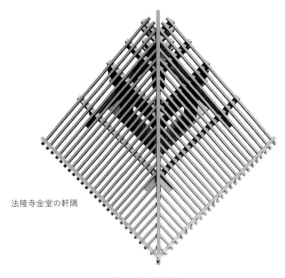

法隆寺金堂の軒隅

［図21］　平行垂木

［図22］　扇垂木の概念図

　平行垂木［図21］と扇垂木［図22］は、屋根面の荷重を受け
る性格が異なっている。とくに隅では、扇垂木は隅木の受ける
負担を分担するが、平行垂木では隅木の負担を増やしてしまう

21] に法隆寺金堂下層の隅木の周辺を、[図23] には中世の和様仏堂、長寿寺本堂（鎌倉前期）の軒・天井見上図および軒隅の周辺を掲載します。いずれも平行垂木の事例です。[図24] の正福寺地蔵堂（応永14年、1407）の裳階の垂木も含め、平行垂木では、隅に向かって並ぶ垂木が少しずつ短くなって隅木と接続していることが特徴です。一方、およそ放射状に並ぶ扇垂木は、中世の代表的な禅宗仏殿、正福寺地蔵堂の身舎の軒などにみられます。ただ禅宗仏殿では身舎の垂木には扇垂木、四周をめぐる裳階には平行垂木を架けて使い分けることが通例です。なお後述する二軒（ふたのき）の場合、隅木も飛檐垂木と地垂木の構成に対応し、それぞれ飛檐隅木（ひえん）と地隅木という2本の部材で構成されます。この様相を長寿寺本堂の軒隅 [図23左] に掲載します。

　身舎の扇垂木では、放射状に並んだ垂木の中で、隅木は隅行（すみゆき）の方向（平面投影で45度の方向）に位置する垂木のひとつ（特別な垂木であるとしても）のようにも扱われており、垂木とは異なる別部材という性格がやや希薄です。しかし平行垂木の隅木は屋根荷重を受けるとともに、隅の垂木と接続し、これを受ける働きも持っており、垂木とは完全に別の部材です。とはいえ注意しておきたいことは、中世以後、（平行垂木も同様ですが）扇垂木は構造的役割をあまり引き受けていないことです。扇垂木の配置形式は、本来は構造上の役割を担って生まれたものでしたが、中世の禅宗様の仏堂では、軒裏に挿入された桔木（はねぎ）や野垂木（163頁）が実際の構造的な役割を担っています。このため、軒裏にみえる垂木も隅木も、屋根荷重を支持する構造的な意味を相当程度喪失し、装飾的な性格を帯びたものになっています。

　[図24] は正福寺地蔵堂の扇垂木と平行垂木を示しています。また [図25] は希少な大仏様の遺構、浄土寺浄土堂（建久5年、1194上棟）の隅扇垂木を示したものです。隅だけを扇垂木とする形式は、屋根中央に平行に配された垂木に対し、隅の扇を構成する垂木が短くなるため構造的にやや不利な扱い方です。しかし、すべての垂木を扇状に配置するよりも、また、隅木に接続する仕口や隅垂木を加工する平行垂木よりも施工が容易であったと思われます。

　隅木に接続する平行垂木の奇妙な特徴は、その発生期の様相に対し、少なくともふたつの可能性を示唆しています。第1に、隅木を持つ寄棟造の屋根は、本来は構造的に無理のない扇垂木あるいは隅扇垂木を用いたであろうこと、第2に、平行垂木は、切妻屋根のように垂木が平行であることが自然な屋根形式で現れ、さらに、平瓦を掛けるという機能をあわせ持ったであろうこと、です。

　垂木が瓦掛けとして機能する状態を寄棟屋根に適用すると、隅木への負担が大きくなっても平瓦の幅に合わせて垂木を等間隔で平行に配置することが必要でした。中尊寺金色堂は、造営後半世紀ほど経ってから現在まで、長期にわたって覆屋で保護されていたため、古代末の貴重な屋根と小屋組をよく残しています。金色堂の垂木と瓦（木瓦に箔押し）の関係は、垂木と瓦が直接接していないにもかかわらず、隅でわずかな乱れがみられますが、両者の歩みがよくそろっていることがわかります [図26]。このような収まりは、もともと平行垂木が瓦掛けとして機能していた形式の名残りだと考えられます。

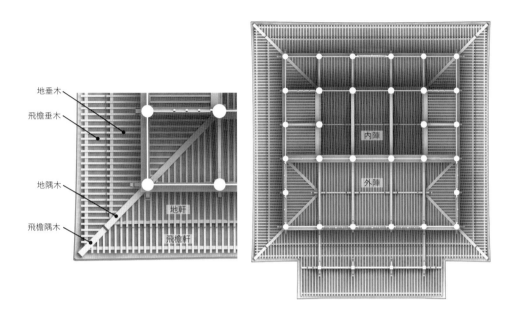

地垂木
飛檐垂木
地隅木
飛檐隅木
地軒
飛檐軒
内陣
外陣

[図23] 平行垂木（長寿寺本堂、鎌倉前期）

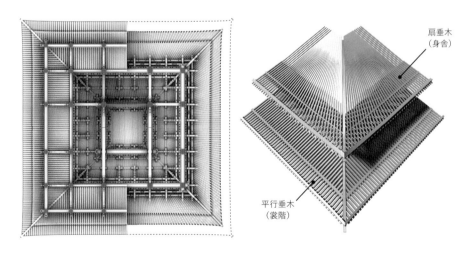

扇垂木
（身舎）
平行垂木
（裳階）

[図24] 扇垂木と平行垂木（正福寺地蔵堂、応永14年、1407）

　平行垂木と扇垂木の部材加工の面の相違について、平行垂木の場合、隅木側面に施される配付垂木の仕口の加工に精度が求められ、扇垂木の場合、とくに角垂木を用いたとき、曲面に沿ってを配置することは容易ではなく、部材加工に高い精度が求められた

5. 基本となる4つの屋根形式

　屋根形式と垂木の形式について概観を述べてきました。最も基本となった屋根形式は切妻造、入母屋造、寄棟造、方形造の4つの屋根形式です。

　切妻屋根は、弱点である妻壁を保護するために、傍軒を大きく伸ばし、付随して棟持柱を設けるなどさまざまな工夫がみられました。寄棟造の屋根は切妻造のような弱点がありませんが、四隅に隅木を持つため架構が複雑になり、おそらく初期には特別な施設に限定してつくられたものだと思われます。

　4つの屋根形式は、初期の様相をみると相互に独立したものではなく、ふたつの系統に区分できると考えられました。第1の系統は切妻造と入母屋造のグループで、切妻造の身舎の四周に庇をめぐらしたことで、入母屋造の屋根形式が生まれました。

　身舎の四面に庇を加えた形式であっても、庇の四隅に屋根を架けず入隅（いりすみ）のシルエットを持った例は、かつては少なくなかったと思われます。古代の御所の紫宸殿などがこの屋根形式であったと考えられていますが、ほとんどの例が住宅建築であったと思われます。この形式では、当然ですが四面に庇を持っていても隅木は存在しません。一方、現在に残る寺院建築では、十輪院本堂（鎌倉前期）など、入隅を持つ建築は住宅風仏堂などと呼ばれる希少な遺構でみることができますが、寺院建築として例外的なものです。通例の入母屋造の屋根は、庇の隅で隅木を持っています。この屋根形式は切妻屋根を中央に配置しながらも、第2の系統の寄棟屋根の影響を受けて成立したものです。

　第2の系統は、隅木を持つ寄棟造の屋根に由来するもので、方形造の屋根は大棟が最も短くなった寄棟造の特殊な場合と位置づけられます。これらの屋根形式の初期の段階では扇垂木が使われたと考えられます。一方、切妻屋根は、その屋根形状から、ごく自然に平行垂木を用いることになったでしょう。しかし平行垂木は瓦の発明を通じて瓦掛けとしての機能を兼ねるようになったことで、ふたつの垂木配置の形式が隅木の有無と無関係に、適宜使い分けられ混在するようになったと考えられます。

　後代にはさまざまな屋根形式が工夫されますが、古代の基本となった屋根形式は、以上に述べた4つの形式であり、系統の異なるふたつの屋根形式に分かれること、隅木の有無や垂木の配置方法の相違などが、もととなった屋根形式の相違の背後に潜在していたことがわかります。

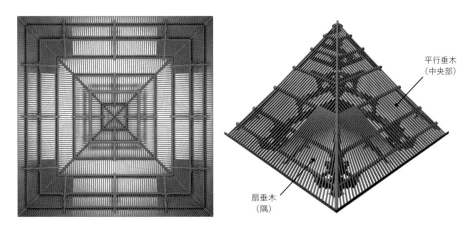

［図25］　隅扇垂木（浄土寺浄土堂、1194年上棟）

平行垂木
（中央部）

扇垂木
（隅）

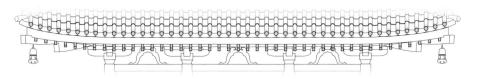

中尊寺金色堂の瓦と垂木の相互位置関係

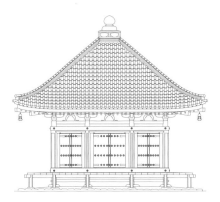

中尊寺金色堂立面図

平行垂木にみられる、隅木に次々に接続する一群の垂木は、屋根荷重を受ける能力を持たず、かえって隅木の負担になっている。このため、平行垂木の存在理由については以前から疑問視されてきた。建立当初の屋根と軒の状態を残している中尊寺金色堂［図26］の例をみると、ほぼ等間隔に配置された平行垂木は、隅にわずかな乱れがみられるが瓦の間隔によく合致している。平瓦を垂木に直接掛けた事例は日本建築では確認できないが、図のような状態は、平行垂木が平瓦を直接掛けるために機能していた時代があったこと、そしてこの納まりがのちに定式化され継承されたことを物語っている

［図26］　中尊寺金色堂

5. 瓦を葺く、屋根を支える

　紀元1000年以前にさかのぼる東アジアの古層の木造建築は、日本以外に残っていません。したがってまず、日本の寺院建築を対象に、長寿命化をめざしたさまざまな工夫をとりあげて整理します。そのうえで異なる文明の技法と比較しながら、その背後にある共通する意図について考えてみましょう。また、長寿命化の趨勢に相反するようにみえる神社建築の特殊性とその意図、それらの相違が現れた理由を検討することで、長寿命化が果たした木造建築のシルエットの特徴を明らかにすることを試みます。これらの検討を通じて、個々の文明を超えた木造建築に共通するテーマ、自然の脅威への対処の工夫とその意図を明らかにしたいと考えています。

5·1 | 1000年を生きる寺院建築

　日本の寺院建築は、1000年をゆうに超えて現在でも使われている例がいくつもあります。木造建築であるにもかかわらず、なぜ1000年もの長い時間に耐えることができたのでしょう。その理由を考えるために、反対の性格を持つ、短期間で建て替えられることを前提とした建築と比較してみることにします。寺院建築には唐招提寺金堂［図27・28］を、短命な建築の代表には式年造替を繰り返す伊勢皇大神宮正殿［図29・30］をとりあげ、両者を比較してみましょう。

　唐招提寺金堂は、中国から鑑真和尚を迎えて奈良時代の終わり（8世紀末頃）につくられた律宗の寺院です。律宗は奈良時代の6つの宗派の中では別格の存在で、すべての僧侶はいったん唐招提寺に所属して戒律を学びました。平安時代に入って天台宗が成立するまで、唐招提寺は受戒の儀式と戒律の研修を以て僧侶を生み養成する唯一の機関でした。

　そのような性格の寺院のためか、金堂は平城京の他の大寺の金堂に比べてやや簡素な姿をしています。他の大寺の金堂が二重（二階建の姿ですが上層に床はありません）の構成であるのに対し、一重（単層）の構成をとっています。簡明でわかりやすいため、古代金堂の例としてとりあげます。この屋根は鎌倉時代に大改修が行われて棟が高くなり、屋根勾配も軒の深さも変わっています。現在の金堂の姿は江戸時代（元禄時代）に修復されて一部改造されたものですが、屋根については鎌倉時代の改変をほぼ踏襲しています。しかし［図27］と［図28］はいずれも創建当初の状態を表したものです。

　［図29・30］に掲載した伊勢皇大神宮正殿もほぼ同時代、奈良時代の終わり頃に創設されました（現正殿は細部形式を踏襲しつつも規模が拡大しています）。しかし正殿は20年に1度、定期的に建て替える（式年造替）という世界史的にみても稀有な建築です。つまり伊勢の正殿は、実際にはその数倍の寿命があると思われますが、建築として20

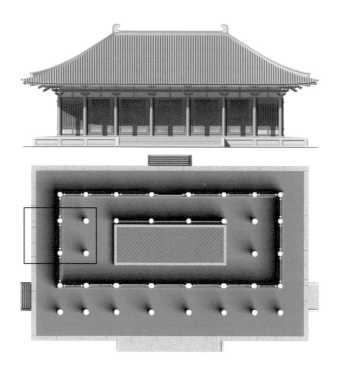

［図27］　唐招提寺金堂（8世紀末頃）

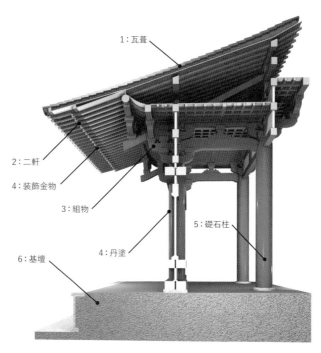

1：瓦葺

2：二軒

4：装飾金物

3：組物

5：礎石柱

4：丹塗

6：基壇

［図28］　唐招提寺金堂の構成

年間だけ建っていればよい、という判断のもとにつくられた施設です。そして一方の唐招提寺金堂は、ときに大修理を経ていますが、1200年を超える長寿を保って今日に残された建築です。

このふたつの建築を比較して寺院建築の特徴を、以下の6つの項目として取り出し、それぞれ検討を加えます。

1.6つの工夫

［図28・30］は、6つの特徴を寺院建築と社殿の対比として整理したものです。これらの特徴について、建築の上部から順にみていきましょう。順序の理由はのちほど説明します。

1. 葺材：伊勢の正殿の萱葺に対し、唐招提寺金堂では瓦を葺いています。
2. 軒構成：伊勢の正殿の垂木は直線的に一本架ける「一軒」としていますが、唐招提寺金堂の垂木は「飛檐垂木」と「地垂木」による「二軒」の構成です。
3. 組物：伊勢の正殿は、柱上に直接丸桁を載せますが、唐招提寺金堂では、複雑な形の「組物」の上に丸桁を載せています。
4. 丹塗と装飾金物：伊勢の正殿は白木のままですが、唐招提寺金堂では木部に「丹」（硫化水銀）を塗布しています。一方、どちらの建物も木造部材の木口など特定の位置に装飾金物を設けています。
5. 礎石柱：伊勢神宮の正殿は、地表から深い穴を穿って柱を据える「掘立柱」の構法ですが、唐招提寺金堂では基壇上に据えた礎石の上に柱を載せる「礎石柱」としています。
6. 基壇：伊勢の正殿は直接地表上に建っていますが、唐招提寺金堂は「基壇」上に建っています。

いずれもそれぞれの建築形式のシルエットを生み出している重要な特徴です。以下、寺院建築に注目しつつ、順を追って詳細にみていくことにしましょう。

2.瓦葺の発明とそのアイデア

木造建築の発達にとって、古代の瓦の発明ほど可能性を大きく広げた事件はなかったと思います。雨に濡れる屋根面を、焼成の板で覆い尽くすことで木造架構とその部材を守る、というアイデアは木造建築の寿命を劇的に延ばす契機になりました。まず、古代の瓦の発生期の状況について、古代中国の瓦と木造時代の古代ギリシア神殿の瓦を対象に考えてみましょう。

—— 東アジアの瓦 ——

瓦の起源は現在でもよくわかっていません。古いもので、前2000年以上にさかのぼる石板がギリシアで出土しており、瓦であった可能性も推定されていますが、本当に瓦として使われたものなのか明らかではありません。たしかに瓦と判定できる最古の事例

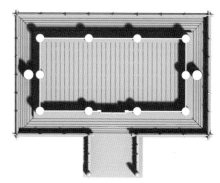

［図29］　伊勢皇大神宮正殿

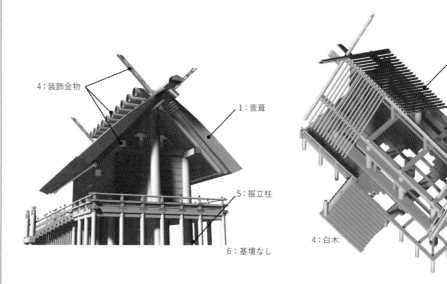

4：装飾金物

1：萱葺

2：一軒

3：組物なし

5：掘立柱

4：白木

6：基壇なし

［図30］　伊勢皇大神宮正殿の構成

　奈良時代に造営された長命な仏堂［図27・28］と、短期間で定期的に造営を繰り返す
短命な社殿［図29・30］とを比較することで、木造建築が長寿命化をめざした結果何
が起きたかを確認する。これらは屋根葺材、軒構成、組物、液体金属の塗布と装飾金物
による被覆、柱の立て方、基壇の有無など、6つの項目に分けて対比することで、木造
建築の長寿命化の工夫が明確になる。そして、これら各部の構成の相違が、両者のシル
エットに大きな相違を与えており、それぞれの建築のアイデンティティを支えている

は、中国中原の「鳳雛建築基址」の発掘現場で出土した焼成瓦です。この建物は殷（商）を滅ぼした周王朝の宗廟あるいは宮殿であったらしく、この遺跡の中から出土した卜占の甲骨文を手がかりに、紀元前1100年から1000年にさかのぼることが判明しています。発掘された版築の基壇跡から推定された姿ですから、屋根の形状などに複数の復原案が提出されています。[図31] はそれら復原案のうちのひとつです。

　ここでは [図32] のような湾曲した板状の瓦が出土しました。ただ、出土瓦の量が極度に少ないことなどから、雨漏りの多い棟などの防水のために草葺屋根の一部、大棟や隅棟、谷などの特定の位置に使われたと考えられました。この建物の屋根形式はどのような形状の復原案であっても、屋根の各所に谷が現れることはほぼ確実で、瓦が葺かれていたとすれば、一例にすぎませんが [図31] のような状態が復原されます。

　円筒を1/2や1/4など、いくつかに縦割りにしたような瓦の姿は、もともと壺などの土器製作の技術を下地としてつくられたためです。紐状の粘土をとぐろを巻くように重ねて表裏両面をたたいて一体化することで円筒をつくりますが、この土器をつくる経験を経て、これを半割りや四分割することで、初期の瓦の姿が生まれたと考えられています。日本でも導入当初は同様のつくり方を踏襲していましたが、平安時代にはあらかじめ用意された型に粘土を合わせるつくり方に変化していきます。しかしそのように工程が大きく変化したあとも湾曲した板状の瓦の姿を踏襲しました。

　中国の瓦は、西周（前1100頃〜771年）の初期に現れて発達を続けたようで、前850年頃には瓦が屋根全体を覆うようになったと考えられています。この時代には、いわゆる平瓦と丸瓦のふたつの形式を組み合わせる技法が成立しつつありました。そして前750年頃、軒丸瓦の先端に半円状のいわゆる半瓦当が付くようになり、漢の時代（前200年頃）に下ると円形の瓦当が現れます [図33]。この工夫は、軒の先端に位置する丸瓦の木口から浸入する雨水を防ぐためのものですが、さらに発達して装飾的な性格が加わったものです。この時代までに成立した瓦の形式は長く踏襲され、我が国の古代瓦も同様の形式、本瓦葺が導入されました [図34]。

　この瓦葺の考え方は、平瓦を重ねて屋根全面を覆うというアイデアにもとづいています。しかし、これだけでは平瓦の列の間に隙間ができてしまうため、ここに丸瓦をかぶせることで漏水を防ごうとしたものです。そして軒先の防水のために瓦当が加わります。[図34] に掲載したいわゆる本瓦葺の形式は、こうして成立したものです。なお、[図35] の「行基葺」は、本瓦葺とやや形状が異なり、後部を細くした丸瓦を使って丸瓦どうしを重ねる葺き方です。[図36] は、日本の古代建築の瓦葺の屋根面（奈良時代創建の唐招提寺金堂の屋根。土の葺き方は推定）を、瓦から順に取り除いていった図です。瓦の下には薄く敷かれた土の層があり、その下には下地板があります。そしてその下には垂木が並んでいます。土を敷く理由は、湾曲した平瓦を安定させるための処置だと思われますが、この技法はただでさえ重量のある瓦葺の屋根に、さらに荷重を加える葺き方です。瓦の発明以後、屋根を支える木造架構はこの大重量を背負った制約の下で、さまざまな工夫を重ねていくことになります。

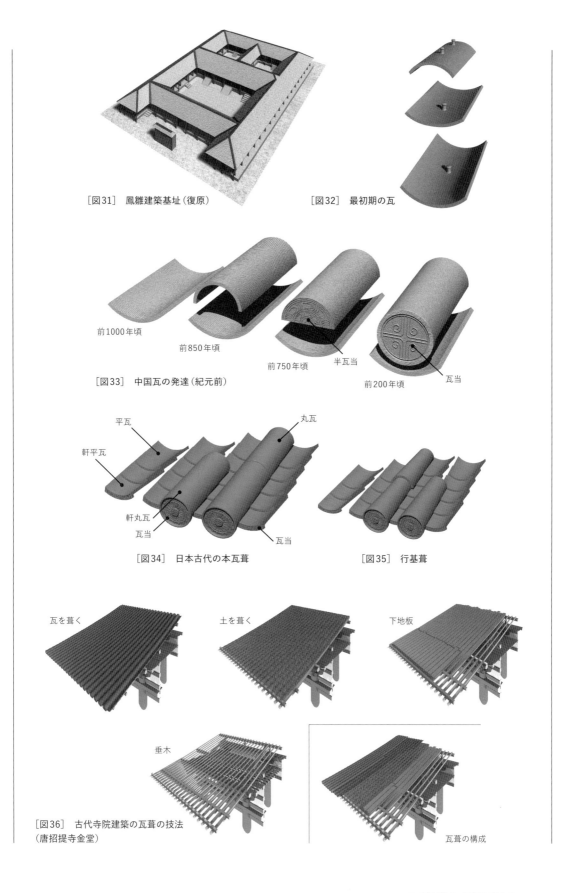

［図31］　鳳雛建築基址（復原）

［図32］　最初期の瓦

前1000年頃

前850年頃

前750年頃

半瓦当

前200年頃

瓦当

［図33］　中国瓦の発達（紀元前）

平瓦

丸瓦

軒平瓦

軒丸瓦

瓦当

瓦当

［図34］　日本古代の本瓦葺

［図35］　行基葺

瓦を葺く

土を葺く

下地板

垂木

瓦葺の構成

［図36］　古代寺院建築の瓦葺の技法
（唐招提寺金堂）

——古代ギリシアの瓦——

　瓦葺建築は、ギリシアでも数多く建立されました。現在に残る石造神殿も木造小屋組を架けて瓦を葺いていましたが、これらの瓦は木造神殿の時代にすでに大きな発達がみられます。東アジアの瓦と同じく、ギリシアの瓦も平瓦（pan tile）と丸瓦（cover tile）という2種類の瓦を用いています。ただ、ギリシアの瓦は地域ごとにさまざまな形状のヴァリエーションが生まれました。

　［図37］のラコニア・スタイル（スパルタ・アルテミス神殿。前650〜620年頃）や［図38］のアルカディア・スタイル（オリンピア・ヘラ神殿。前600〜590年頃）の瓦は、平瓦の姿が円筒の一部を切り取ったように湾曲しています。そして丸瓦も細い円筒を半分に割ったような姿です。とくに前7世紀後半のラコニア・スタイルの軒瓦では「半瓦当」と同じ形状のアンテフィクサを持っており、東アジアの瓦と大変よく似ています。

　ところが［図39］のコリント・スタイル（アテネ・パルテノン神殿。前438年頃）の平瓦は、平板をもとにその両端を折り曲げた姿をとっています。丸瓦も、三角形の筒からひとつの面を除いたような形状です。いずれもゆるやかに湾曲する面がほとんどありません。また古代ギリシア神殿では、瓦の下面に桟などの下地材に引っ掛ける工夫がみられません。このため急勾配の屋根をつくることができず、［図40］のパルテノン神殿のようにゆるい屋根勾配を保っています。

　前600年代の中頃にさかのぼる木造神殿の時代、古代ギリシア神殿は草葺から瓦葺へと移行します。その初期の様子は不明なことも多いのですが、［図41］のように独特の形状をした瓦を組み合わせるものでした。図はコリントのアポロ神殿址から出土し、復原された瓦です。同時代、同様の瓦は、のちに石造ドリス式神殿が造営される地域、イストミアのポセイドン神殿址などでも出土しています。これらの瓦はプロトコリント・スタイルと呼ばれており、のちのコリント・スタイルの瓦のもとになった形式と考えられています。瓦の形状は全部で8種類が発見されており［図41右］、これらを組み合わせて葺いたもので、［図41左］のように寄棟屋根の各部の形状に対応しています。軒先では独立した平瓦と丸瓦を組み合わせ、それより上では丸瓦と平瓦とを一体にした桟瓦が使われており、この型式の瓦が大多数を占めています。また隅や棟でそれぞれ特別な形の瓦が工夫されています。各部の瓦はいずれも曲線が目立ちますが、平瓦は非常にゆるい曲線を持ち、軒丸瓦の先端を三角形につくり出している点も注目されます。

　［図42］のアルゴス・スタイル（アファイア神域の出土瓦。前625〜600年頃）は、［図39・40］のパルテノン神殿に使われたコリント・スタイルの完成した姿を、やや先取りしたような形状です。すでに三角形の丸瓦と両端を屈曲させた平板状の平瓦を組み合わせる形式［図42左］が現れており、細部に細やかな工夫もみられます。限られた資料ですが、たとえばテルモンのアポロ神殿、コリントのアポロ神殿、イストミアのポセイドン神殿（前7世紀前半）など、木造神殿に寄棟屋根を載せていた時代にさかのぼると、［図41］のように、軒丸瓦は円筒の一部の形を残しながらも、その先端だけを三角形につく

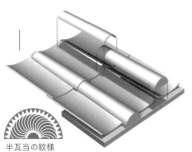

半瓦当の紋様

[図37] ラコニア・スタイルの瓦

[図38] アルカディア・スタイルの瓦

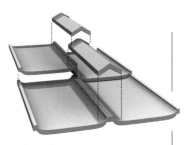

[図39] コリント・スタイルの瓦
（パルテノン神殿）

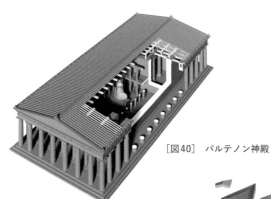

[図40] パルテノン神殿

古代中国、古代ギリシアそして古代日本の瓦に共通する
アイデアは、2種類の瓦を用いる点にある。平坦に近い
形状を持つ瓦（平瓦。pan tile）で屋根面を追い、その
継ぎ目を、大きく屈曲する別種の形状の瓦（丸瓦。
cover tile）で被覆するというアイデアである［図33～
40］。焼成瓦は一度に幅広い面を覆うものをつくること
ができないため、このような形状が工夫された

側面

平面

アポロ神殿の瓦形状(8種類)

中国瓦の発展に呼応するように、少し遅れて現れた古代
ギリシアの瓦は、地域と時代によって形状が異なるが、
初期のもの、とくにラコニアやアルカディアの瓦はアイ
デアも含めて中国の瓦によく似ている。しかし、コリン
ト地方やアルゴス地方には形状の異なる瓦がみられる
［図41・42］。コリント地方の瓦は、前7世紀の前半の
時代から湾曲が極度に少ない平瓦と丸瓦を用い、さらに
これら2種の瓦を一体とした独特の桟瓦（combination
tile）も工夫された。これらは円筒を分割するのではなく、
最初から型に合わせて製作されたと考えられている

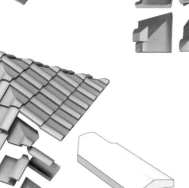

軒丸瓦

[図41] コリントのアポロ神殿
（前7世紀中頃）の瓦の葺き方

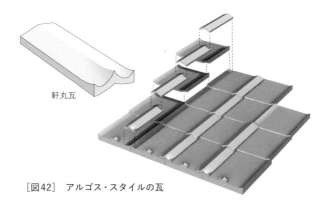

軒丸瓦

[図42] アルゴス・スタイルの瓦

り出しています。ここに、のちのコリント・スタイルへ至る気配が現れています。

　湾曲した瓦から平板へ至る変貌の原因ははっきりせず難しい問題です。寄棟屋根の隅に使われた瓦は、正方形の板を対角線に沿って折り曲げたような姿につくり妻と平の屋根に跨るように葺きますが、この隅瓦（hip tile）がもし円筒の一部のように湾曲した板であれば、製作は難しくなったでしょう。瓦の形の変貌は、隅瓦をつくる過程が契機になったのかもしれません。一方、東アジアの寄棟屋根の隅の稜線には、平瓦とは別に板状の瓦を重ねて丸瓦を載せた隅棟をつくっています。したがって妻と平に跨る瓦を用いるアイデアはみられません。このためギリシア建築のような、瓦の形が変貌する契機を持つことがなかった、と考えることもできそうです。

　プロトコリント・スタイルの瓦の姿は、あらかじめ型をつくって成型する製作過程が存在したことを示しています。また平と妻に跨る隅瓦の存在は、ここを起点として平瓦が整然と配置される必要のあることを示しています［図41左］。そのため瓦の幅、屋根の長さ、小屋組の部材配置など、各部の寸法上の相互関係を十分に考慮した事前の計画が必要になります。

3. 二軒

　軒先に延びた垂木の上に、別の垂木を重ねて軒を延ばしたものを二軒（ふたのき）と呼んでいます。この技法は、軒を延ばして躯体に掛かる雨水を避けようとする趣旨ですが、たんに軒を延ばすためだけの方策ではなかったようです。

——二軒の構成——

　日本の社寺建築、記念性を持つ建築では、二軒の構成は圧倒的多数の遺構でみることができます。二軒の各部名称は［図43・44］のようです。すでにみてきたように最も先端に延びる軒を飛檐軒と呼び、この軒を構成している垂木を飛檐垂木と呼んでいます。これに対し少し奥にある下方の軒を地軒、これを構成する垂木を地垂木と呼びます。

　［図43］のように、軒の下面にみえる飛檐軒はそれほど長く延びてはいません。しかし［図44］のように瓦や下地材を取り去ると、地軒の上に重なる飛檐垂木は意外なほど奥に伸びています。地垂木も屋根の上方に長く伸び、軒にみえている部分は垂木全体の一部にすぎません。垂木は重量のある瓦葺の直下に緻密に配置され、屋根荷重を面的に受けて桁に伝達します。このため膨大な数量を要する部材です。また、垂木は相対的に繊細な部材ですから仕口を刻めず、釘を用いて桁（母屋桁や丸桁など）に固定されました。社寺建築では釘を使う部位が限られ、垂木の他は、長押と柱の接合に大釘が使われる程度です。しかし部位が限定されているとはいえ、膨大な量の釘が必要です。近代以前の釘の製作は刀工の仕事で、釘は非常に高価なものであったため通例の木組で用いることはなく、垂木は例外的な部材でした。

飛檐軒

地軒

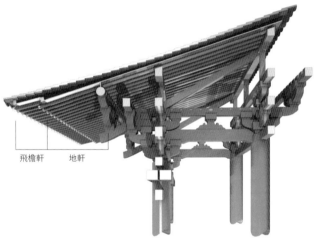

飛檐軒　地軒

［図43］　唐招提寺金堂の軒構成

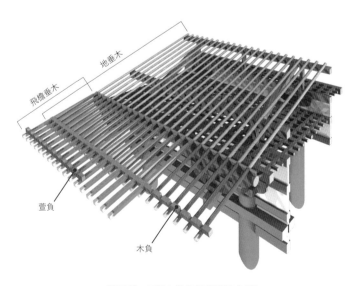

地垂木

飛檐垂木

萱負

木負

［図44］　二軒の構成（唐招提寺金堂）

　二軒以外の軒構成には、ごくまれに使われる「三軒」と少数派の「一軒」があります。一軒は中世の事例もありますが、古代初期の飛鳥様式の特徴のひとつで法隆寺金堂、五重塔、中門などに使われています。法隆寺西院の建築はいずれも深い軒が際立っています。法隆寺の建築のように１本の垂木を長く伸ばすことで軒を深くとることが可能であれば、垂木を重ねて二軒を構成しなければならない理由は何だったのでしょう。上部荷重による一軒と二軒の変化の様子を、モデル化して［図45］に示します。ふたつの軒形式は、先端に同じ荷重がかかったときの先端が垂下する度合いが大きく異なり、二軒のほうが垂下の変形が小さくなります。もし一軒のままで先端の垂下を抑えようとすれば、垂木は一段と太い部材を用いることになり、屋根荷重とともに下部の架構に大きな負荷を強いることになると想像されます。

　法隆寺金堂の場合、組物の脆弱さもあって、ほぼ建立直後に、おもに隅で軒の垂下が起こったため、予定外の支持材を挿入してこれを取り巻く裳階を加えたと考えられており、深い軒を一軒で構成する技法は、各部の負担が大きくなったことを示しています。

　しかし、二軒の構成をとる理由はこれだけではありません。もともと身舎の屋根を構成する垂木勾配は雨仕舞いのために急勾配をとり、庇では垂木勾配を一段とゆるめています。急勾配の屋根をそのまま葺き下ろせば、深い軒をとるほど開口にかぶることになり、採光や通風を阻害するためです。このため屋根勾配は、軒先に近づくほどゆるくとる構成をめざしました。軒を深くとって躯体に掛かる雨水を防ぐ。同時に深い軒が採光や通風を阻害しないように構成する。相反するふたつの命題への回答が、先端に近づくにしたがって勾配をゆるやかにとる工夫、二軒の発明だったのです。

4.組物

　柱頂に載る複雑なシルエットを持つ組物は、別に斗栱（斗は斗、栱は肘木の意）と呼ばれており、東アジアの木造建築を特徴づける非常に重要な部位です。組物の複雑な姿がなぜ現れたのかを考えるために、柱頭という部材の検討からはじめましょう。

──柱頭──

　柱頭は、［図46］のように屋根荷重が桁を押し下げ、屈曲を強いられた桁が柱頂で破断する、という状況を防ぐために工夫されました。その萌芽はまだ草葺の時代に認められますが、瓦を葺く時代になって劇的な進展をみせることになります。言うまでもなく瓦を葺くようになって屋根荷重が急激に増加したためです。どのような工夫がなされたか、各地の柱頭をみていきましょう。

──クノッソス宮殿──

　前2000年頃から前1400年頃まで、クレタ島のミノア文明はいくつもの宮殿を造営し

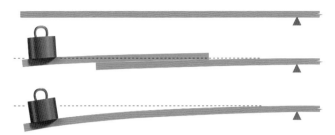

［図45］　一軒と二軒の荷重による変形

軒を深くとろうとするアイデアである二軒の構成は、軒の上にさらに軒を重ねて前方に送り出しているが［図43・44］、一軒を長く延ばすことでも対応は可能である。しかし二軒は、［図45］のように一軒の場合と比べて先端の垂下が小さくなるという利点がある。同様の効果を一軒でめざせば太い垂木が必要となり、その分、軒の荷重が増加することになる

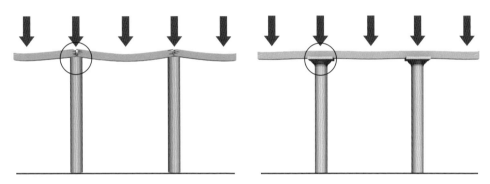

［図46］　桁の変形と柱頭の働き

［図47］　クノッソス宮殿（前17世紀）復原平面図

ました。そのうち現在最もよく知られているクノッソス宮殿の姿は、前1700年頃の大地震を経て再建されたときの姿です。［図47］は再建時の復原平面図です。地下に貯蔵庫を持ち、地上では3層から4層を持つ中層建築が中庭を囲んでおり、複合建築の造営を可能にした高い技術が認められています。そして各所に、他の文明ではみられない特徴のある柱がみられます。［図48］はそれらの柱の一部を示したもので、細部にヴァリエーションがありますが、いずれも上部ほど柱径を太くとり、その上に大きな柱頭を載せたシルエットが共通しています。

　複層の宮殿は石造壁と柱列で構成されていますが、要所に木造梁を架け、さらにその上に石造の壁体を積載しています。この遺跡は発見されて100年を超えており、早い時期からやや拙速に復原作業が進められたため不明な点も少なくありません。石材の積み方も場所によって異なる修復もみられます。［図49］のように木造梁に切石の壁体を載せた姿も復原された姿のひとつです。この状態をモデルとして考えてみましょう。

　柱上に、木造の桁や梁を2本ないし3本横に並べて載せ、その上に幅のある石造壁を積載していますから、桁や梁に大きな負荷がかかります。このため、梁の変形を抑えるために大きな柱頭が施設されたと考えられます。しかしこれだけでは足元を最小径とし柱頂直下を最大径とする独特の柱形状の意味がわかりません。

　もし、足元の柱径のまま立ち上がる柱を仮想すると、［図50］のように柱径に比べて柱頭がかなり大きいことがわかります。これでは梁の変形に押されて柱頭が傾き破砕する可能性がある、と判断されたのでしょう。このため最も脆弱な柱頭の根元を太くすることで、柱頭を安定させようとしたのだと思われます。その結果、足元の径が最小で柱頭直下が最大径になるという珍しいシルエットの柱が生まれることになりました。

　この柱のシルエットは、直接には、上部荷重を受けるのに十分な柱径に対して柱頭が大き過ぎたことに起因して工夫されたものですが、大きな柱頭は幅のある梁に対応したもので、幅のある梁は石造壁を積載しようとしたことに起因します。そして、梁を極度に変形させかねない大荷重が生まれてしまったこと、つまり複層の建築をめざしたことに起因しています。前17世紀に、このような工夫を経て4層もの中層複合建築を構築してみせたことは、十分に注目すべき事績だと思われます。

――初期ギリシア文明の柱頭――

　小アジアのアイオリスで出土した一群の石造の柱頭は、古代ギリシア建築のなかでも古式を表しています。［図51］は前10世紀頃の古拙を残す例から、前6世紀頃までの柱頭を示したもので、アカンサスのモティーフが踏襲されながらも徐々に洗練された姿をみせていきます。いずれも木造建築の肘木と同じく上部に載る桁に合わせて左右に伸びており、のちの古代ギリシア神殿にみられる柱頭とはかなり趣が異なります。古代ギリシアにも肘木様の特徴を持つ柱頭が存在していたことに注目しておきましょう。

［図48］　クノッソス宮殿の柱

［図49］　クノッソス宮殿の柱と壁体を積載する梁

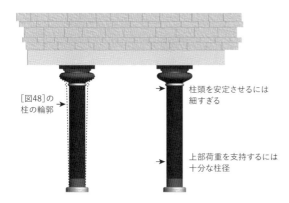

［図48］の
柱の輪郭

柱頭を安定させるには
細すぎる

上部荷重を支持するには
十分な柱径

［図50］　足元の径のまま立ち上げた柱

クノッソス宮殿［図47］の木造梁は、この
上に載る石造壁の荷重を受けて、柱間中央が
下方に向かって大きく湾曲するような変形を
起こしかねなかった［図46］。大きな柱頭は、
この変形を抑制するためのものである。しか
しこれを支持する柱が、荷重に耐えるだけの
太さのままでは、柱径に比して大き過ぎる柱
頭が不均等な荷重を受け、傾くような変形に
対応できないと考えたのであろう［図50］。
このため柱頭の直下の柱径を太くとることで
柱頭の安定を保とうとした［図48・49］。そ
の結果、上部ほど太くなる独特の柱のシルエ
ットが生まれたと考えられる

［図51］　アイオリスのさまざまな柱頭

───先史ギリシア住居と古代神殿───

　前700年頃に成立をはじめたギリシア神殿は、先史住居をもとにしていたと考えられています。[図52]はおよそ前1000年頃にさかのぼる先史ギリシア住居の復原案で、アプシダルハウス、アプシダルビルディングなどと呼ばれています。一方の屋根は切妻造で下部に入口を設け、もう一方の屋根はゆるい勾配の円錐を半分に割ったような形状です。この屋根形式はU字形の住居平面から推定されたもので、寄棟造の類型とみれば、隅木を持たずに済む簡易な架構の屋根です。

　この住居は、このように工夫された屋根の下に、U字形の輪郭に沿って日干レンガの壁をめぐらしています。日干レンガの壁体は雨水の浸食を避けるために足元に石材を用い、外面に漆喰などを塗布して保護していましたが、それでも雨水に対してひどく脆弱でした。日干レンガは水に浸ると溶解してしまうため、壁の足元に2〜3段ほど石材を重ね、軒を延ばして雨水から壁体を保護しようとしています。

　[図53]は軒を延ばした住居の様子です。[図52]との比較のため住居として描いていますが、この工夫は、ごく初期の首長の住居や祭祀空間など、たとえば[図54]のような記念性を帯びた施設であるヘロオン（英雄廟、半神廟）などで、日干レンガ壁を保護するために試みた工夫であったと考えられます。草葺の屋根とはいえ、軒を大きく延ばせば屋根荷重を受けて軒先が垂下してしまいます。このため軒先に桁を載せた掘立柱を立て、軒先を支持する工夫が加えられていきます。

　エウボイア島のヘロオンは、前950年頃にさかのぼる祭祀施設と考えられたもので、[図54]はJ.J.クールトンによる復原案にもとづいています。周囲をめぐる穴の列を柵の跡とした復原も提案されていますが、これらの穴の分布は、壁体の内側に残る柱穴の位置とよくそろっていることから、クールトンの推定通り、壁の内と外に柱を立て、これらを横材か斜材を用いてつないでいた可能性が高いと考えられます。したがって周囲の穴列は、軒先を支持する周柱の跡と判断されます。この施設は墓所の可能性などもあって未解明の問題が多く残っていますが、前950年頃、すでに周柱が存在したことを示している例だと考えられます。

　前8世紀の前半から中頃に造営されたサモス島のヘラ神殿は、最も初期の神殿建築のひとつです。この神殿は4期にわたって建て替えられましたが、そのうちの第1期から第2期への変化を示したものが[図55]です。前750年頃、細長い矩形平面の神殿が建立されました。この神殿はのちに水害で被災し、前670年頃に再建されたものが、第2期の神殿で、このとき四周に柱列をめぐらせる（周柱）工夫が加えられました。再建神殿は（前身建物も同様であったでしょうが）日干レンガの壁を持ち草葺でした。しかし日干レンガの壁体を保護するために創建の神殿より軒を長く延ばしたことで、軒先を支持するための桁と柱列を加えることになったと考えられます。

　前7世紀中頃になって、木造神殿に瓦を葺くようになると各部の構成も複雑になっていきます。瓦葺で木造の架構を残した時代の神殿の様子は以前から復原案が提出されて

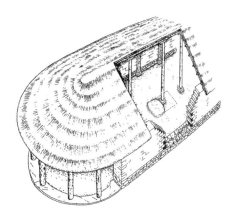

[図52] アプシダルハウス（前1000年頃）の復原案

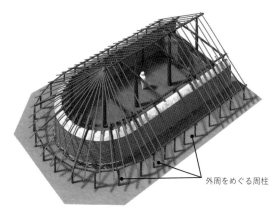

外周をめぐる周柱

[図53] アプシダルハウスの軒の伸長（推定）

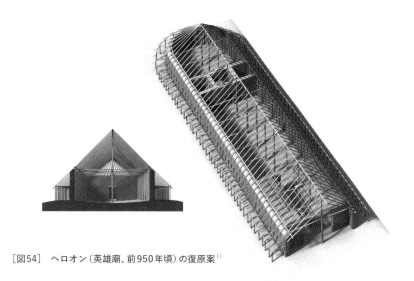

[図54] ヘロオン（英雄廟、前950年頃）の復原案[1]

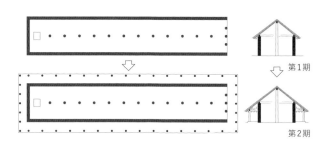

第1期

第2期

[図55] サモス島のヘラ神殿の変遷（第2期まで）

古代ギリシアの初期の住宅や神殿などでは、初期に存在しなかった軒先を支持する柱が徐々に付設されていった。こうして現れた周柱は、結局、深く延ばした軒を支持するための装置である

きました。[図56]は提案された木造神殿の細部復原案のひとつです。この復原案には不明な点も多く、問題も含まれていますが、柱に載る桁上に梁端を載せた構成として考えられている点は、妥当な判断と思われます。

[図55]や[図56]の事例は、もともと周柱が軒先を支持するために加えられたもので、本体の構造に付属するように、あとになって設けられたことを示しています。このため、瓦葺が導入されて屋根荷重が増加したとき、すでに成立している周柱と桁の上に梁を載せる、あるいは桁の高さと同位置で梁を架ける、という架構へ発展していくことになったと考えられます。

—— ギリシア神殿の柱頭 ——

長く延びた軒先の垂下を防ぐために軒の先端に近い位置に桁を設け、これを周柱が支持するという架構は、その成立の経緯から補助的な架構であったことが明らかです。掘立柱の自立性に依存したものですから、もとは本体との間に繋梁などを持たない場合も多かったと考えられます。このように軒柱で軒先を支持する付属的、補助的な架構であったため、柱、桁、梁の積載の順番が後述するペルシア建築や東アジアの建築と異なっています。そしてこの架構が主要な原因となって、石造神殿の柱頭の形状は、ごく簡単な姿のまま終わることになります。

木造ギリシア神殿は、周柱の風雨による劣化に対し、柱頭や柱基からはじまって徐々に石造化していったと考えられています。しかし日干レンガの壁体下部は初期から石造であり、下から上に向かう石造化の過程も複合していたようです。

柱全体が石造化し梁も石造化すると、木造の場合とは異なる石材の特質に対応しなければならなくなりました。[図57]は、上部から荷重がかかったときの木造桁と石造桁の変形と破断の相違を表したものです。石造桁の破壊が柱間中央の下面から亀裂が生ずることで起きることについては、すでに第I部壁構造の開口の項で述べました（18頁）。一方、木造桁の場合は石材に比べて許容できる変形の度合いが大きいため柱間の中央が下方に向かってゆるく大きく湾曲します。このような変形は、結果的に柱上で桁を鋭く屈曲させ、ここで桁の破断が起こります。このことが柱頭の発明を促したこともすでに指摘しました。

ギリシア神殿は、木造から石造に移行する過程でさまざまな工夫を強いられることになりました。ドリス式神殿の柱頭は、[図58]のように浅いボウルの上に正方形の板を載せたような形状を持っています。この姿は、肘木ほど両側に長く伸びていません。それは、肘木様のアイオリスの柱頭に起源を持つと考えられているイオニア式の柱頭についても同様で、奥行きに対しとくに左右に伸びているわけではありません。いずれも桁の幅に対応する大きさにとどまっています。石造桁の変形は柱頭によって緩和されますが、それだけでは足りず、柱間を狭くとる工夫も重ねられました。このことは、肘木のように横に長く伸びた柱頭を石材で対応することが難しかったことも意味しています。

[図59]は、建築規模が異なりますが、パルテノン神殿と唐招提寺金堂を比較したもの

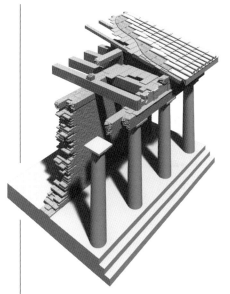

[図56] ギリシア初期神殿の細部復原案[2]
垂木や下地板、瓦の大きさなどに多様な復原案があるが、この図は石造化の途上のイメージで描かれている。しかし想定された神殿規模が過大とも思われる。やや垂木が太過ぎて間隔が広く、下地板の幅や瓦が相対的に小さいなどバランスを失している。とはいえ貴重な復原案のひとつである

[図57] 木造桁（右）と石造桁（左）の変形と破断位置の違い
木造桁と石造桁では、上部荷重による変形によって破砕を起こす位置が異なっている。石造桁は引張力に弱いため下方に湾曲した柱間中央で破砕するが、木造桁は強く屈曲する柱上で破綻を起こす

ドリス式の桁と柱頭

イオニア式の桁と柱頭

[図58] ギリシア神殿（石造）の柱頭

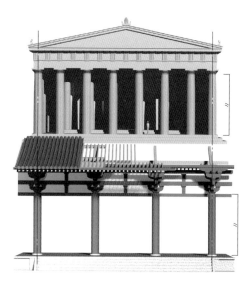

[図59] パルテノン神殿（上）と唐招提寺金堂（下）の柱間構成の比較
パルテノン神殿ファサードと唐招提寺金堂の中央三間（中の間と両脇間）の柱間構成を、柱高さをそろえやや強引に比較した図。同一の幅を石造柱と木造柱で構成したとき、石造柱が小さな柱間をとっていることがわかる

です。柱の高さを同一としたとき、唐招提寺金堂の中央の三間の柱間とパルテノン神殿総間の七間がほぼそろいます。木造金堂の柱間構成と比較すると、石造柱を用いたパルテノン神殿では半分以下の柱間になっていることが理解できると思います。極端な比較ですが、ギリシア神殿が柱間を小さくとったことは、桁材を石造化した結果に付随する必然的な工夫であったことがわかります。

　[図60] は、石造化がはじまった前6世紀前半から前5世紀末頃に至る、ギリシア神殿の柱間構成の変遷を示しています。当初、木造柱をモデルに細身につくられたとも考えられている石造柱は急速に太さを増し、さらに柱間を極度に詰めていきます。[図60左] のシラクサのアポロ神殿（前570 〜 560年頃）はこの頃の様子がうかがえます。しかし、パエストムのヘラ神殿（前550 〜 520年頃）、同ポセイドン神殿（第2ヘラ神殿。前474 〜 450年頃）などの造営経験を経て柱は徐々に細くなり、アファイア神殿（前500年頃）の頃には、柱間もやや広がりをみせています。[図61] は、このような柱と柱間の変化に並行して起きたファサードの変化です。図は左から順にシラクサのアポロ神殿、パエストムのポセイドン神殿（第2ヘラ神殿）、パルテノン神殿（前447年〜 438年頃）です。実際の規模が異なりますが、比較のために高さをおおよそそろえています。

　これもやや強引な比較ですが、それでも初期の武骨な印象を与えるファサードが、徐々にバランスのとれたものに変化していく過程がわかります。とくにパエストムのポセイドン神殿は、年代のわりに柱が太く無骨な印象も与えますが、それでもファサードは年代にふさわしいバランスをみてとることができます。

　200年ほどをかけて進展したこれらの変化は、木造の柱と桁の構造体を石造化するという過程が簡単なものではなく、手探りの工夫の連続であったことをよく表していると思われます。

―― ペルシアの柱頭 ――

　ギリシアの柱頭と比較するために、アケメネス朝ペルシア（前550 〜 330年）が残した柱頭についてみてみましょう。ペルシアの代々の王家が造営したペルセポリス [図62] は、アレキサンダー大王の東征の際に破壊されたまま長く放置され、20世紀になって本格的な調査が進められました。この遺跡群は造営が繰り返されたことで、大規模な複合施設の様相をみせています。一見して都市遺跡のようにもみえますが、王の恒常的な居所として使われた形跡がなく、王宮の周囲にも都市といってよい施設がみられません。したがって国家的なイベントである各地の民族の謁見や朝献、祭礼などの特別な機会に限って使われた施設であったと考えられています。

　ペルセポリスの中には、ダレイオス1世（前550年頃〜 486年）の造営によるアパダナと呼ばれる列柱を持つ大広間があり、独特の柱が並んでいました。それらの柱頭は2頭の牛を背中合わせにつないだ姿を持っています。この柱頭の上には木造梁が交差して積載されていたと考えられており、バニスター・フレッチャーによる柱頭と梁の納まりの推定復原が提案されています。[図63] はフレッチャーの復原案を図にしたものです。

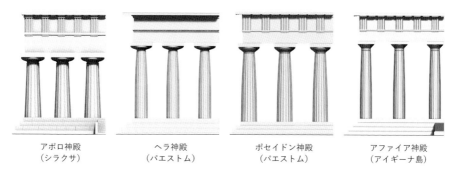

アポロ神殿　　　　　　ヘラ神殿　　　　　　ポセイドン神殿　　　　アファイア神殿
（シラクサ）　　　　（パエストム）　　　　（パエストム）　　　　（アイギーナ島）

［図60］　ドリス式神殿の柱と桁のプロポーションの変遷

アポロ神殿（シラクサ）　　ポセイドン神殿（パエストム）　　パルテノン神殿（アテネ）

［図61］　ドリス式神殿のファサードの変遷

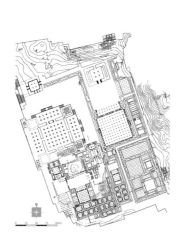

［図62］　ペルセポリス平面図

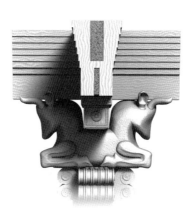

［図63］　アパダナの柱と柱頭
（フレッチャーによる復原案）[3]
同一の梁を同一の高さで交差さ
せる想定であれば、この復原案
のように複雑な柱頭は必要なか
ったはずで、梁下端をそろえる
ために柱頭中央に肘木様の部材
を補っている点も不自然である。
この復原案は、検討の余地を残
している

この復原案では、柱上の梁が段差を持って交差していたとすれば、柱頭の形状からみて下に載る梁と上部の天井との間に空隙が生まれ、天井を支持することが難しくなると考えたのでしょう。このため、同じ高さで交差する2本の梁を想定し、その一方が牛の背に置いた肘木様の別部材によって支持される、という納まりが考えられています。

けれども、もし交差する梁が同じ高さの断面を保つものであったとすれば、たとえば同じ形状の肘木が交差するような、四方に同じ長さだけ延びた形状の柱頭が工夫されたはずです。したがってこのように、交差する方向によって不均等な、複雑な形状が工夫された理由は、段差を持って交差する梁をひとつの柱頭で支持しようとしたためだと考えるべきです。

この独特の柱頭は、ナクシェ・ロスタムの岩窟墓（横穴墓）の入口でも観察することができます。ナクシェ・ロスタムにある4つの岩窟墓は、ダレイオス1世など代々の王の遺体を、おそらく曝葬のあとに安置した王墓です。その入口のひとつをとりあげてみましょう。岩窟を切削してつくられた墓室入口に、アパダナの柱頭と同じ形状の柱頭がつくり出されています［図64］。この柱頭の回りには、桁の上に緊密に並ぶ垂木木口の形象や直下にこれらを支える桁（丸桁）があり、桁下では手前に伸び出した梁の端が描写されています。桁は牛の背を超えて前方に伸びた梁の先端に載り、柱真より前方に梯出しています。そして柱上では、側桁に該当する部材を双頭の牛の頭が受ける、という形象です。

当時の木造建築では、柱上にまず梁が載り、その上に桁（側桁）が載って垂木を含む軒を支持しますから、軒を深くとろうとして丸桁（軒桁）を前方に送り出したことで、このような構成が現れたことがわかります。したがって梁と桁が段差を持って交差しますから、これをひとつの柱頭で支持しようとして複雑な姿の柱頭が工夫されたことも理解できます。岩塊からつくり出した形象のため残存状態がよく、いずれも当時の木造建築の架構の特徴を残しています。双頭の牡牛の形象を持つ柱頭の形状が現れた原因は、段差のある交差する桁と梁を、一挙に支持しようとしたためでした。

―― ギリシア神殿とペルシアの柱頭 ――

アケメネス朝ペルシアの柱頭をとりあげた理由は、ペルシアの柱頭では柱と桁のあいだに梁の端が挟まれますが、古代ギリシアの柱頭は直接桁を載せているという納まりの相違を比較するためです。上下が入れ替わるわずかな相違のようですが、この相違が柱頭の形に大きな相違をもたらしています。またこの相違は、たんに部分の納まりを意味するものではなく、構造体全体に対する考え方の相違、そして架構を組み立てる過程の相違を含んだものだと考えられます。

［図65右上］（初期木造架構の推定1）は、世界の木造建築の歴史のなかでおそらく最もよくみられる掘立柱の架構のモデルです。この図の左から右にかけて、躯体を組み立てる手順を示しています。左端では、地表に寝かせて「鳥居型」と呼ばれる柱と梁の簡単な構造体を組み立てます。次にこれを柱穴に挿入して立ち上げ、足元を突き固めます。同様の操作を繰り返し、複数の鳥居型を並べて立ち上げたところで、これらを桁でつな

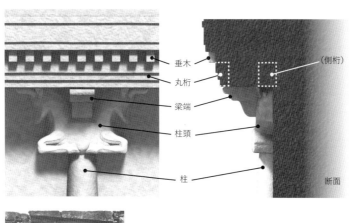

垂木

丸桁

梁端

柱頭

柱

（側桁）

断面

［図64］　ナクシェ・ロスタムの柱頭

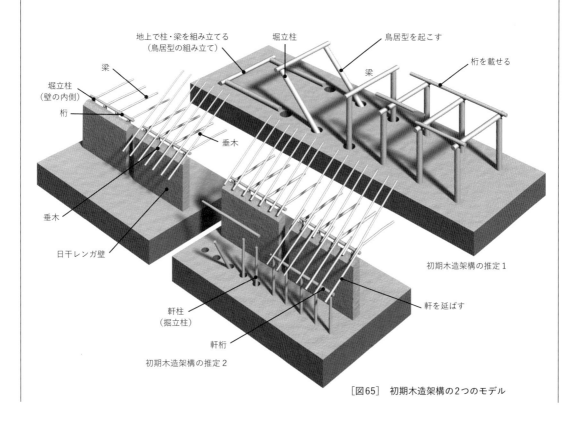

地上で柱・梁を組み立てる
（鳥居型の組み立て）

堀立柱

鳥居型を起こす

桁を載せる

梁

梁

堀立柱
（壁の内側）

桁

垂木

垂木

日干レンガ壁

初期木造架構の推定 1

軒柱
（堀立柱）

軒桁

軒を延ばす

初期木造架構の推定 2

［図65］　初期木造架構の2つのモデル

ぎます。この構法では、柱の上にまず梁が載り、さらにその上に桁が載るという構成が必然的に現れます。

　一方、[図65左]（初期木造架構の推定2）は、先史ギリシア住居の復原考察から推定した構法です。この図では、日干レンガの壁を立ち上げ、その内側に沿うように掘立柱を施設します。この柱は梁を載せて小屋組を架けるための基本となる架構ですが、[図65右]と同様に、梁の末端の上に桁が載っていた可能性が高いと思われます（さまざまな組み合わせが考えられます）。そしてその上に垂木を架けて屋根面をつくります。しかし少し時代が下ると、[図65左]の下方のように日干レンガの壁面を雨水から守るために、軒を延ばす改良が加えられました。おそらく当初は、たんに垂木を伸ばして軒を深くとり、軒先の垂下を防ぐために掘立柱と桁でこれを支えたのだと思われます。軒柱（周柱）は掘立柱ですから自立しています。したがって軒柱と本体の壁内の柱を結びつける部材はなく、簡素な架構であったと思われます。この状態では、[図66左下]のように周柱上に直接桁が載りますから、屋根荷重が増加して柱頭が載ることになっても、柱径より大きな部材を柱頂と桁のあいだに挿入すれば済むことがわかります。のちに内外の柱を結びつけるようになっても、繋梁を桁の上部に載せる納まりに落ち着くことになったでしょう。

　一方、前頁[図65右]のスケルトンでは、[図66左]のように柱と桁のあいだに梁の端が載っています。柱頭は桁の垂下を抑制するためのものですから桁に届かなければ意味を持ちません。そのため柱頭を載せ、さらに特別な部材を要することになります。[図66左中]は、柱頭（肘木など）の両脇で梁の高さの分だけ立ち上げる部位（部材）が必要になることを示しています。

　この相違がペルシアとギリシアの柱頭の姿の相違です[図66下]。両者の相違の背景には、上に述べたような構造体の組成と発達の相違があり、このことが、柱頭の形状をずいぶん異なるものに発展させていった原因です。

　古代ギリシア神殿の四周をめぐる周柱は、石造化以後の神殿では非常に重要な要素として扱われています。しかし、当初は軒先の垂下に対応した補助的な構造体にすぎないものでした。そして、軒の先端に位置して風雨に晒されるため損耗が激しい周柱は、真っ先に石造化が試みられたと考えられます。そのような経緯が、周柱の外に軒をほとんど出さないギリシア神殿独特のシルエットを生み出す原因になったのです。

　石造神殿が木造架構から発達したにもかかわらず、軒の出の小さいシルエットを持ち、柱頭は、装飾はともかく仕組みとして簡素な姿のままにとどまることになりました。その理由は以上のような架構の発達過程に起因します。結局、雨水から日干レンガを守るというテーマが、やや木造建築らしくないシルエットを持つ石造建築へ至る出発点であったことがわかります。

──── 東アジアの柱頭 ────

　柱頭には大きく分けて2種類の姿がありました。仮にペルシア型とギリシア型という

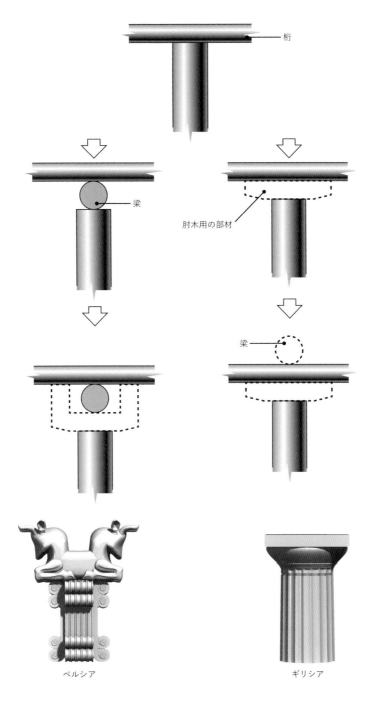

ペルシア   ギリシア

[図66] 柱・梁・桁の位置の相違が起こす柱頭形状の変化

古代ギリシアの木造架構は、ややのちの時代になって日干レンガ造の壁体を保護しようとして軒先を伸長し、これを支持する付属的な架構（柱と桁）を加えるという発達過程を経た［図65］。このため、各地にみられる他の文明の木造架構と異なる特徴が現れた。その特徴は柱上の梁と桁の上下の相違である。このことが仕組みとしての柱頭の発達に、他の文明と異なる特徴を与えることになった［図66］

区分を使って考えていきましょう。柱上に直接載る部材が梁なのか桁なのか、という区分は、日本建築史ではそれぞれ折置組、京呂組と呼ばれる区分に該当しないわけではありません。ただ、この架構の区分は民家の構造体を対象とした区分ですから、柱頭を持たない架構の概念です。ここでは柱頭に注目していますし少し普遍的な意味を含めておきたいので、誤解を招かないようにペルシア型、ギリシア型と呼んでおくことにします。

たとえば石造クメール建築の柱頭はギリシア型に属します（第Ⅰ部［図61〜65］など）。一方、東アジアの木造の柱頭はペルシア型に属しながらも、たんなる柱頭の域を超えた発達をみせています。その過程をみるために、まず、最初期の中国の木造建築にさかのぼって考えてみます。

—— 柱頭以前 ——

［図67］左は、先に触れた二里頭遺跡宮殿（前1800年頃）、右の図は盤龍城遺跡宮殿（前1600年頃）について、現在までに提案されてきた復原案です。発掘の様子で両者に共通する特徴は、基壇上面に二等辺三角形を描くように3つの柱穴が配置されてひとつのセットを構成している点です。［図68］は二里頭宮殿址の柱穴の配置です。寸法値は乱れがあるためおよその参考値です。

このような柱の配置が現れた理由を考えてみましょう。発掘の報告ではふたつの小さな柱穴を「簷柱」の跡とみなし、中央の大きな柱穴を「主柱」の痕跡とみています。復原された立面図では、主屋根の下に裳階のように薄い別屋根を架けています。検討すべきことは「簷柱」がなぜ「主柱」から外に踏み出し、左右に距離をとって立つのか、ということです。

2本の「簷柱」の上に桁が載っていたことは十分に予想できることですが、もし復原案のような、軽快ともみえる裳階状の屋根を支持するのでしたら、なぜ「主柱」前面に「簷柱」が1本だけ立つことにならなかったのでしょう。柱どうしを横材などでつなぐことを考えれば、そのほうが自然な架構であり、［図69A］に示したような架構になることが想像されます。架構としてこれで十分ではないかと思えます。

ところが2本の「簷柱」は左右に分かれて立っています。この理由については、「簷柱」が「主柱」の前面に立っても意味をなさなかった、と考えるほかありません。それでは「簷柱」がない状態を考えてみましょう。この様子を［図69B］に示します。「簷柱」の位置の直上には最外の桁（丸桁）が載っていたはずですので、「主柱」に載る梁の端が延び、この上に丸桁が載っていたと考えることができます。この構成をとった意図は、軒を延ばすことで躯体を雨水から遠ざけるためでしょう。もし屋根荷重が小さければこの状態で十分であり「簷柱」は必要なかったはずです。しかし柱穴の痕跡は荷重によって丸桁が垂下し、梁上で破断する可能性が予想されたことを示しています。「簷柱」がなかった状態で荷重がかかる様子を［図69C］に示します。つまり［図69B］の構成のままでは梁の上に載った丸桁が破断し［図69C］のような状態になる、と判断されたと考えられます。このため、「主柱」柱筋の左右に振り分けて「簷柱」を立て、丸桁の垂下を防ごうとし

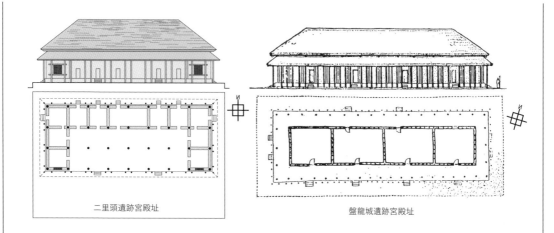

[図67]　二里頭遺跡宮殿址と盤龍城遺跡宮殿址の既往の復原案

二里頭遺跡宮殿址

盤龍城遺跡宮殿址

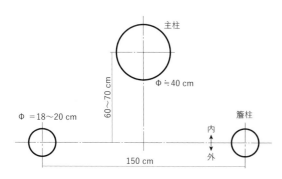

主柱

Φ≒40 cm

60〜70 cm

Φ =18〜20 cm

簷柱

内

外

150 cm

[図68]　二里頭遺跡宮殿址の掘立柱痕跡

二里頭宮殿址の発掘調査では、建物の四周をめぐる柱穴だけが発見され、建物内部には一切痕跡が認められなかった。掲載した従来の復原案は、四周の柱列の内側に1段高い上部基壇があったと想定し、「主柱」を上部基壇上に立てている。「主柱」を基壇上に、「簷柱」を基壇外に配置する盤龍城宮殿址に倣ったものらしい。二里頭で想定された上部基壇は、後代に削平されたため建物内部の痕跡が失われたとする判断である。しかし上部基壇上にあったはずの「主柱」の痕跡が残っている理由はやや説明が難しい。難解な対象であるから、掲載した復原案も暫定案として受け止めておきたい

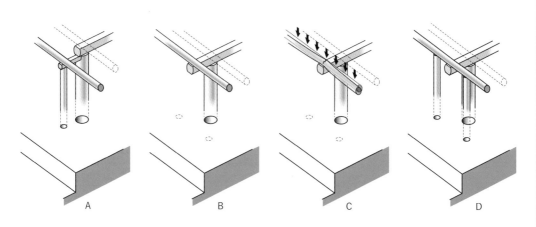

A

B

C

D

[図69]　二里頭遺跡宮殿址の簷柱の役割

たのでしょう。この状態が［図69D］です。

　つまりこの柱穴の位置は、主柱真（芯）から簷柱真まで桁を送り出していること、そしてその軒先で相当に大きな屋根荷重を受けていたことを示しています。したがって、従来の復原案で考えられた裳階のように薄い（軽い）屋根が軒先に架かる状態は考え難く、最も可能性のある屋根形状は、［図70］に示した分厚く重量のある草葺の大屋根がそのまま軒先まで降りる形状です。

　また、主柱の底に粗く整形された大きな石材をひとつ、簷柱の底には割栗石のような複数の小石材を敷いて柱の沈降を防ごうとしています。このことも、屋根荷重が決して小さいものではなかったことを示しています。

　なお、盤龍城の復原では簷柱が基壇外に踏み出しています［図67・図70右］。これでは簷柱の足下が雨水に晒されて長期の使用に耐えられません。建立当初の地表面がもっと低い位置にあり、未発見の下成基壇が存在していた可能性も考えられますが、あるいは屋根を葺き替えた機会などに、二次的な改造で軒を延ばしたため、あらたに設けた簷柱が基壇外に踏み出してしまうことになった、などの経緯が潜在している可能性も予想されます。

　以上2棟の初期の宮殿に共通してみられた柱配置の工夫は柱頭とは無関係のようですが、まだ草葺と考えられる時代であったにもかかわらず、荷重による桁の変形を抑制する工夫が生まれていたことを示しています。ここにみられる意図は、柱頭のアイデアを先取りしたものです。東アジア木造建築の柱頭は、桁と柱のあいだに梁を積載する架構のもとで、同様の趣旨の工夫を洗練させていくことになります。

──記念性の萌芽──

　前1800年から1600年頃に現れた、桁を支持するための専用の柱を立てるという工夫は、草葺でも葺厚があって屋根荷重が相当に大きかったことを推測させます。重量のある屋根がつくられた理由は、長期の使用に耐えることをめざしたもので、このことは建築の記念性（恒久性）の萌芽を示していると考えられます。もちろんこの種の技術は、宮殿など特別な施設に限定して採用されたものだったでしょう。

　東アジアの柱頭が発生した直接の原因は、瓦の発明にあると考えられます。とくに前850年頃から屋根全面に瓦を葺くようになると、桁にかかる巨大な負荷は深刻な問題になっていきます。しかし、二里頭や盤龍城遺跡の宮殿址をみると、瓦葺という技術革命を支える躯体の工夫が、すでに草葺の時代に準備されつつあったことがわかります。その工夫は、掘立柱穴の底に施設される礎石、そして桁の変形を防ぐ「簷柱」の採用です。

──東アジアの柱頭の発達──

　東アジアでも紀元前にさかのぼる木造建築は遺例がありません。したがってその発達過程は限られた手がかりから推定するほかありません。［図71］は「明器」と呼ばれる金属や焼物でつくられた建築模型です。多数の明器が残されており、柱頭や組物について

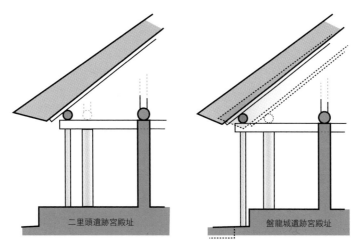

[図70]　二里頭・盤龍城宮殿址の架構と屋根の復原案

［図68］のような柱穴の構成は、2本の「簷柱」上に桁が載り、「主柱」の位置から桁が前方に送り出されたことを示している。同じようでも［図69A］のような構成をとらなかった理由は、1本の「簷柱」の上に桁が載っていたのでは不都合があったことを示している。ただ桁を送り出す［図69B］の構成では終わらず、2本の「簷柱」を立てた理由は、［図69C］のように梁端上に載る桁が荷重で変形するため、この変形を「簷柱」を以て抑制しようとしたためであろう。とすれば、軒先に大重量がかかっていたはずで、屋根形状の復原は［図70］のように葺厚の大きい屋根であったと考えなければならない。なお、盤龍城遺跡の「簷柱」が基壇外に踏み出している理由は、あとから軒を延ばすための改造が加えられた可能性や下部基壇が設けられた可能性などを暗示している

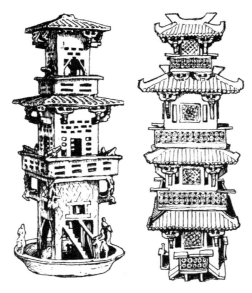

［図71］　明器

も注目される事例が少なくありません。しかし残念なことに製造時期が不確かなものが多く、安心できる手がかりになりません。

　年代がたしかな例は、2世紀頃の後漢の「画像石」と呼ばれるレリーフや保存状態のよい地下墓などがあります。これらを手がかりに、初期の柱頭の様子を考えてみましょう。

　［図72］は、画像石の中でも柱頭の姿が比較的よく描写された例です。のちの時代の大斗、肘木、巻斗に相当すると思われる部材が柱上に載って柱頭を形成しています。柱頭全体では、後代の双斗に当たる姿をみせています。注目される点は、肘木がU字形であるのに、その中央に梁端などが載っていないことです。すでに述べたように、肘木の両端を持ち上げる理由は、その中央に別の部材、梁が存在したためでした。図の状態であれば、横長の簡単な肘木で十分なはずです。同様の主旨の柱頭は［図72B］にもみられます。一方、［図72C］の画像石では、肘木の中央に梁の端、あるいは束のような部材のシルエットがみられます。

　ペルシア型の柱頂は、柱頂に直接梁を載せるため、肘木が両脇に延びて丸桁まで届く工夫をみせていましたが、切妻屋根を支える架構や平の位置では［図73］のようにU字形の肘木がそのまま機能します。ところが［図72A・B］のような寄棟屋根の架構では、隅に、桁よりも一段低い梁に相当する部材が現れることはありません。寄棟屋根の架構では、［図74A・B］のように、隅では平と妻の桁どうしが同じ高さで交差します（漢代以前の柱頭は詳細が不明ですが図のように描いておきましょう）。

　［図74A］は、隅で通常の肘木を交差させた場合ですが、明器などに残る例から、隅で半肘木［図74B］を用いたこともあったかもしれません。いずれの場合も、そのままでは隅で肘木中央に載る部材は存在せず［図74AとBの左隅柱］、桁の交点は中空に浮くことになります。［図74B］のように半肘木の場合はとくに明確で、桁隅が浮くため中央に束を立てる必要が生ずるでしょう。［図72］の3つの画像はいずれも寄棟屋根の隅に組物をみせる例ですが、［図72A・B］のふたつの画像では隅にもかかわらず双斗の状態が描かれます。一方、［図72C］の表現は、隅で肘木の中央に束を立てた様子を描写しているようにみえます。

　［図75］は山東省で発見されたおよそ2世紀にさかのぼる貴族墓で、その墓室に2本の柱と3つの柱頭が石材でつくられています。下のふたつの図はその柱頭を拓本に写したもので、右の例は双斗の姿をとっていますが、左の例は少し幅をひろげた双斗の中央に束を立てており、ふたつの形式が併存していたことがわかります。

　［図71〜75］の事例は、古代のすべての様子を示したものとはいえず、限られた例にすぎません。しかし、東アジアの木造建築の柱頭にふたつの形状が存在したこと、その形状は、まず双斗の形で生まれ、隅など特定の場所によって、中央に束を立てるなどの工夫が重ねられたであろうことがわかります。

——柱頭から組物へ——

　双斗の姿からはじまった東アジアの柱頭は、中央に束を加えるなどの工夫を経たのち、

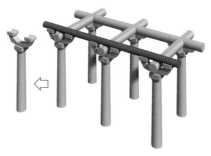

［図73］　切妻屋根の架構に想定される柱頭

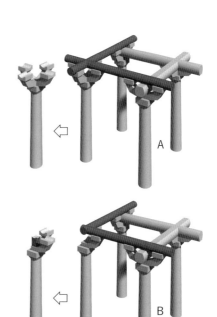

［図72］　画像石

［図74］　寄棟屋根の架構に想定される
柱頭と丸桁の隅の納まり

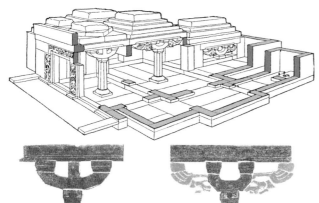

［図75］　山東省貴族墓（2世紀）の
柱頭（石造組物）

三斗という形式に到達します。[図76]は日本古代、薬師寺東塔（天平2年730）で使われた三斗です。日本の古代建築より古い大陸の遺構が残っていないうえ、大陸の建築が日本に伝わった6世紀末頃には、すでに成立していた形式だったため、三斗が現れた時期は明確にはわかりません。このため発達の経緯にはいまだにわからないことが数多くあります。

薬師寺東塔の肘木[図76]は、巻斗のあいだに笹刳が施されており、かつて肘木が湾曲してU字形であった時代の気配を残しています。また、下面の両脇には舌が施されています。この形もおそらく、過去の組物細部の納まりに必要であった工夫に起源を持つと考えられます。

そしていったん成立した三斗の構成は、たとえば[図77]のように組み合わせて使われるように発達していきました。[図77左]は、通常の三斗が丸桁の荷重を受けている様子です。ここでは、三斗の機能は桁の変形を抑える役割、つまり柱頭として働いています。しかし[図77中]では、三斗を十字に組み（十字に組んだ肘木を枠肘木と呼びます）、その先端に別の三斗を載せて丸桁を支持しています。[図77右]はこの組物を分解した図です。これはすでにただの柱頭ではありません。斗と肘木という道具立てを利用して、丸桁を支持する役割だけでなく、丸桁を柱筋から外に梯出させようとする仕組みに発達したものです。ここまで発達した東アジアの組物は、ただの柱頭ではなく複合した目的を持った仕組み、世界に類のない仕組みに変貌しています。

丸桁は、肘木の前半分と巻斗を構えた分だけ、柱筋から外に追い出されています。これは組物が丸桁を梯出する単位ひとつ分ですので一手先組物ともいいますが、通例は出組と呼ぶ組物です。そしてこのアイデアをさらに重ね合わせることで丸桁の梯出を大きくとろうとする試みが繰り返されました。その目的はもちろん、躯体を雨水から守るために、より深い軒の出を実現するためです。

三斗は重なり合って[図78]のような組物をかたちづくっていきます。薬師寺東塔の組物は、古代和様の形式にたどり着く以前の形式で、簡素な点もありますが三手先尾垂木付組物に相違ありません。比較的わかりやすい例ですが、それでもずいぶん複雑な姿をみせています。[図78]の2本の垂線はそれぞれ柱の真、丸桁の真の位置を示しています。したがって下方の矢印の長さは、丸桁が柱真から離れて外に梯出した長さを示しています。つまり、それだけ軒を深くとっており、その分、雨水から躯体を守ることになります。

組物の最上、最外に位置する三斗は、柱頭と同じように丸桁の変形を抑える役割を担う秤肘木です。そしてその直下の捨斗、尾垂木、その下で十字に組まれた枠肘木の重なりなど、すべての仕組みはこの秤肘木を外に梯出させようとする工夫です。なお、柱上の横材は、柱頂どうしをつないで強固に結びつける台輪と呼ばれる部材で、塔に固有の部材です。これは後述する禅宗様の同名の部材とは使われる目的も形状も異なっています。[図78右]はこの仕組みを分解したもので、3段で構成されることを示したものです。下から1段目は大斗に十字に組んだ枠肘木を重ね、中央に方斗を載せています。巻斗は

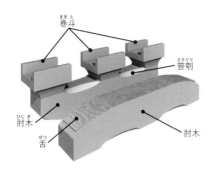

巻斗 {まきと}

笹剖 {ささぐり}

肘木 {ひじき}

舌 {ぜつ}

肘木

[図76] 薬師寺東塔（730年）の三斗

梁の変形を抑えるために斗と肘木を組み合わせた柱頭は、さらに複雑に組み合わせることで丸桁を前方へ送り出す働きをあわせ持つことになった。この複合した機能を持つ仕組みが、東アジア独特の組物である

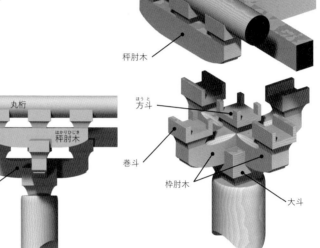

丸桁

秤肘木

丸桁 {かぎょう}

大斗 {だいと}

巻斗

肘木

丸桁

秤肘木 {はかりひじき}

枠肘木 {わくひじき}

方斗 {ほうと}

巻斗

枠肘木

大斗

[図77] 柱頭と組物の役割の違い

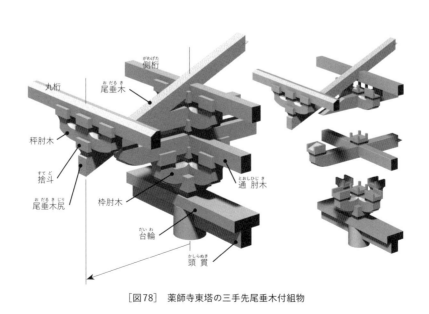

側桁 {がわげた}

丸桁

尾垂木 {おだるき}

秤肘木

捨斗 {すてど}

尾垂木尻 {おだるきじり}

枠肘木

通肘木 {とおしひじき}

台輪 {だいわ}

頭貫 {かしらぬき}

[図78] 薬師寺東塔の三手先尾垂木付組物

5. 瓦を葺く、屋根を支える　143

肘木や通肘木の延びる方向に合わせた横長の形状ですが、方斗は交差する肘木を受けるため、巻斗の長いほうの幅に合わせた正方形の平面を持っています。2段目は1段目の上に組み合わされて肘木を前方に長く伸ばし、3段目はその肘木の先端に尾垂木を架けるためやや特殊な形状につくっています。そして尾垂木の端に捨斗を載せ、この上に秤肘木を載せて丸桁を支持します。1段から3段にかけて順に外に伸びていくので、これらを一手、二手、三手というふうに数えます。全体として三手で構成され尾垂木を持ちますから、三手先尾垂木付組物と呼称します。

　組物は以上のようなシステムで成立しています。したがって、組み合わせによっていろいろなヴァリエーションをつくることが可能です。[図79]は、これら組物のヴァリエーションを示した図です。組物は、柱真から丸桁をどれだけ梯出させるかによって三斗構、出組（一手先組物）、二手先組物、二手先尾垂木付組物、三手先尾垂木付組物などに分類されます。また、多宝塔にのみ使われる四手先組物（通常は尾垂木をともない、和様と禅宗様の2種類があります）や東大寺南大門（正治元年、1199再建）の大仏様独特の六手先組物など、手先の長い特別な組物も存在します。

　[図79]はいずれも和様の組物です。日本建築では、古代初期に飛鳥様式が入ってのち、700年頃からあとは和様以外の様式は存在しませんでした。しかし1100年代の末、中世に入る頃に大陸から大仏様とやや遅れて禅宗様が導入されます。これらの様式の組物は、それぞれ異なる特徴を持っています。

―― 第二次渡来様式の組物 ――

　中世に入って大陸から伝わった建築様式、大仏様と禅宗様をまとめて第二次渡来様式と呼びます（飛鳥様式と古代和様を第一次渡来様式とも呼びます）。[図80]と[図81]の大仏様の組物は、浄土寺浄土堂（建久3年、1192）の組物（三手先組物）で、東大寺南大門と同様に挿肘木と呼ばれる独特の肘木を使います。この部材はいずれも柱に挿して梯出させます。これを長さを変えて数段重ね、上部のものほど外に梯出させて丸桁を支持し、軒を深くとろうとする仕組みです。柱上に大斗を構えて斗と肘木を積載する和様や禅宗様の組物とは、組物に対する考え方が大きく異なっています。柱に仕口を刻んで肘木を差し込むため組物の大きさに比べて柱が太く、そのため柱間を大きくとる傾向にあります。浄土寺浄土堂は、方三間堂の総間を3丈（各間1丈）という、同時代の和様仏堂であれば五間となる規模を三間で賄っています。この結果、広がった柱間の中央で丸桁が垂下するため、この位置で丸桁を支持するための特別な部材を設けています。

　この部材は母屋桁―側桁―丸桁の上中下3つの桁をその直下でつなぎ、屋根下面の勾配に合わせて施設される部材で、奥の母屋桁に押さえられて先端の丸桁を支持する梃子のように働く部材です[図81]。尾垂木の原型で屋根の裏面に沿って斜めに架ける部材、昂に由来する大仏様独特のこの部材は、尾垂木が組物から離れてそれだけで存在するようにみえるため、遊離尾垂木と呼ばれています。

　大仏様組物に比べると、禅宗様組物はおそらくもととなった和様に近い形状の（大陸

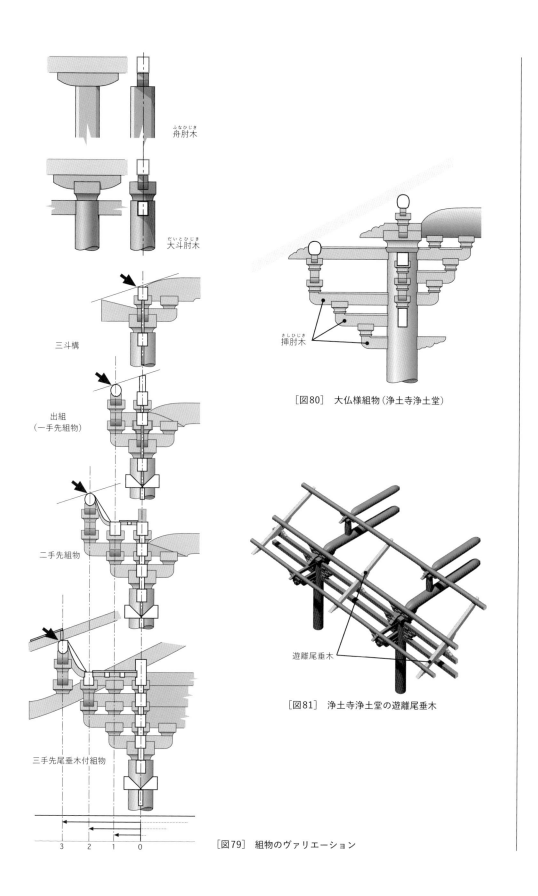

舟肘木
_{ふなひじき}

大斗肘木
_{だいとひじき}

三斗構

出組
（一手先組物）

二手先組物

三手先尾垂木付組物

3　2　1　0

［図79］　組物のヴァリエーション

挿肘木
_{さしひじき}

［図80］　大仏様組物（浄土寺浄土堂）

遊離尾垂木

［図81］　浄土寺浄土堂の遊離尾垂木

の）組物から比較的素直に発達した姿をみせています。[図82]と[図83]は、正福寺地蔵堂（応永14年、1407）の組物です。禅宗様組物は2本の尾垂木を持ち、隅では3本持つことが特徴で[図82]、軒の梯出を大きくとるために組物が複雑化していった過程で、複数の尾垂木を用いるようになった時代の姿を残しています。

　斗と肘木を組み合わせて軒を梯出させていくと、手先が増えるにしたがって丸桁および軒が徐々に持ち上がり、躯体から雨水を遠ざける効果が減殺されます。このため三手あたりから先は、尾垂木を繰り返して軒が持ち上がる状態が抑制されるように工夫されたものです。禅宗様組物は、このような組物の発達の成果を示しています。とはいえ禅宗様組物では下方の尾垂木が建物の内外でつながらず別部材になっていることなど、架構本来の意味から離れて形式化が進んでいます。さらに禅宗様では、組物と柱のあいだに台輪と呼ばれる横架材を挟んでいます。台輪が必要になった理由については後述します。

　柱頭と組物という区分を手がかりに、それぞれの機能を説明してきました。この区分にしたがえば三斗構は柱上に位置しますから「柱頭（キャピタル）」に区分され、一手でも丸桁が外に追い出された他の組物は「組物」に分類されることになります。しかし、「柱頭」は西洋建築史の用語で、日本建築史ではこの言葉を用いません。つまり三斗構であっても、簡易な組物の一種ととらえます。そしてさらに一段と簡易な構成をとる舟肘木や大斗肘木も、同じように組物の一種として扱われます。

── 亜麻組と詰組 ──

　ひとつの組物をとりあげてその多様な構成をみてきましたが、組物の配置法についても発達の過程をみることができます。日本建築の組物の配置法について、古代から中世にわたる変化を整理します。

　600年代に建立された飛鳥様式の組物は、雲斗雲肘木（くもとくもひじき）と呼ばれる独特のスタイルを持っています。この組物の特徴はいろいろありますが、隅の組物の梯出する方向が隅行（すみゆき）（平面の投影で45度の方向）に限定されていることも大きな特徴です。素朴な時代の組物の考え方が残されているといえますが、隅行の組物は、柱真から丸桁支持点の真まで、通常の平の組物の$\sqrt{2}$倍の長さを持ちます。このため隅組物は構造的に大きな弱点になりかねません。また、隅行方向にだけ梯出する組物の場合、先端に載る丸桁の支持点を、たとえば中の間の両端など、他の支持点どうしの距離とそろえて構造的な弱点にならないようにするため、どうしても隅の柱間（端の間）を極端に小さくとる必要が生じます。つまり丸桁の支持点間の距離をほぼ同一にそろえようとすれば、結局、平面の柱間寸法のとり方を考慮しなければならず、柱間の大きさに極端な差が現れてしまうのです。このことが飛鳥様式の大きな特徴のひとつです。

　[図84]に飛鳥様式の例として、裳階を省略した法隆寺金堂（670〜680年頃）をとりあげました。図では中の間と脇の間が同大の柱間ですから中の間を省略し、脇の間と端の間だけをあげています。図の上部の矢印は丸桁の支持点を示し、左の平面模式図にも

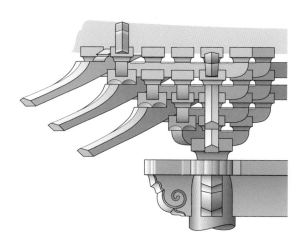

［図82］　禅宗様隅組物（正福寺地蔵堂）

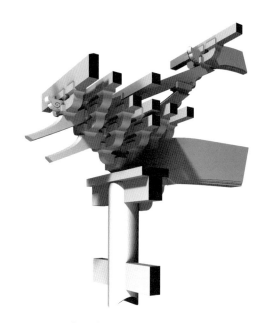

［図83］　正福寺地蔵堂の尾垂木

斗と肘木という構成を組み合わせて丸桁を梯出させるというアイデアは、これを繰り返すと丸桁を徐々に上方へ押し上げてしまう。このため、丸桁を前方へ追い出しつつも、屋根の裏面に沿って斜め下方に梯出する「昂」という別材を組み合わせる工夫が生まれた。「昂」は、斗栱（栱は肘木の意）とは別のアイデアで軒の挺出を実現した部材である。こうして組み合わされたこの部材を尾垂木と呼ぶ［図78］。大仏様の遊離尾垂木はこの部材が「昂」であった時代の気配を残している。禅宗様の組物［図82・83］では、二手と三手いずれにも尾垂木を用いる例が多いが、下方の尾垂木は一材ではなく肘木に接続しており、内部と直線的につながらず、尾垂木の形式化を示している

組物と丸桁の位置を示しています。ここに注目すれば、飛鳥様式の構造的な素朴さがよく理解できると思います。

8世紀に入ると古代和様が唯一の建築様式となり、この状態は12世紀末頃まで続きました。[図85] は古代和様の例として平等院鳳凰堂・中堂（天喜元年1053。図は裳階を省略）をあげています。この仏堂では、中の間が端の間に比べてかなり広くとられています。この理由は、あまり規模の大きくない建物にもかかわらず、中央間に丈六仏（一丈六尺、4.8ｍほどの身長を持つ仏像）である阿弥陀如来の座像を安置したためで、飛鳥様式のような構造上の問題とは積極的な関係がありません。

古代和様では隅の組物が隅行方向に加えて平の方向と妻の方向、計3つの方向に梯出しています。これは、飛鳥様式の組物が持っていた隅の構造的な脆弱さ、隅の丸桁支持点が1方向だけに限定されていた弱点を補強した構成です。しかし隅で3方向に梯出する組物は部材が集中します。たとえば尾垂木など少し昇った位置で互いにぶつかり合うことになり、隅行組物の尾垂木だけが小屋裏を奥まで昇る構成をとっています。したがって、みかけのままに3倍の強度を持つわけではありません。それでも構造的に最も脆弱である隅組物に補強がみられることは、古代和様が飛鳥様式の丸桁の支持方法から、一段と発達したものであることを示しています。

13世紀に入る頃、大陸から大仏様とやや遅れて禅宗様が導入されます。中世の建築様式は、第二次渡来式のふたつの新様式と、この様式に刺激を受けつつも中世で最も支配的であった中世和様、そして和様をもとに部分に渡来様式を積極的に導入した折衷様が併存しています。

浄土寺浄土堂は、すでに述べたように柱位置に挿肘木を用いた組物を配置し、さらに柱間の中央に遊離尾垂木を施設しています。遊離尾垂木を持つ現存唯一の遺構です。丸桁の支持点は隅で3つの方向に設けられ、柱真の位置はもちろん遊離尾垂木を用いて柱間の中央にも支持点を設けています。[図86] のように、同じ三間堂の古代遺構に比べ、丸桁の支持点（矢印）が増加していることがわかります。

禅宗様の仏殿、[図87] の正福寺地蔵堂では、2本の尾垂木を持つ三手先組物が柱上にも柱間中央にも載り、中の間では中央にふたつの組物を配置しています。隅組物も3方向に丸桁支持点を持っています。このように、柱間の上に柱上と同じ組物を積載しようとすると、細い頭貫の上に直接載せれば大斗の斗尻が頭貫の前後にはみ出して不安定になってしまいます。このため、禅宗様では独特の部材、台輪と呼ばれる厚板を柱頂から頭貫上に載せてこの上に組物を並べています。

柱上に組物を載せ、丸桁支持点が柱位置に限定されるものを亜麻組、柱上ばかりでなく柱間にも組物を載せた構成を詰組と呼称します。飛鳥様式から禅宗様に至る組物の改良と増加、つまり丸桁支持点の増加は、構造上の弱点の把握とその解消という、日本建築にはみられない大陸の架構技術の素直な発達過程を表しています。

日本建築は、大陸で発達した架構法を断続的に導入しましたが、これらを古いアイデアと置き換えてしまうのではなく様式として受け止め、旧様式と並存させて使い分けて

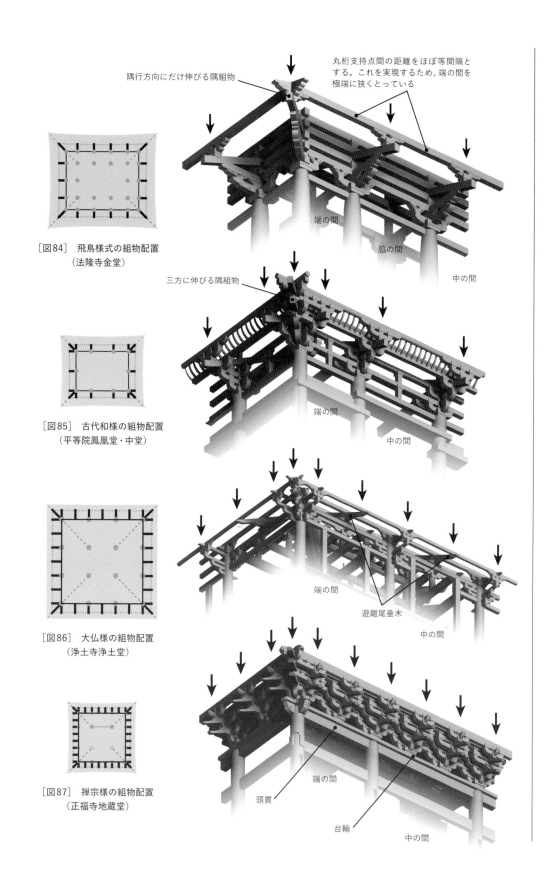

丸桁支持点間の距離をほぼ等間隔と
する。これを実現するため、端の間を
極端に狭くとっている

隅行方向にだけ伸びる隅組物

［図84］　飛鳥様式の組物配置
　　　　（法隆寺金堂）

端の間

脇の間

中の間

三方に伸びる隅組物

［図85］　古代和様の組物配置
　　　　（平等院鳳凰堂・中堂）

端の間

中の間

［図86］　大仏様の組物配置
　　　　（浄土寺浄土堂）

端の間

遊離尾垂木

中の間

［図87］　禅宗様の組物配置
　　　　（正福寺地蔵堂）

頭貫

端の間

台輪

中の間

きました。このことが、大陸で失われた古いアイデアを今日に伝えることにつながったといえます。

　ギリシア建築の柱頭と東アジアの組物とを比較すると、以上のように巨大な相違が存在しています。この相違は、もとは桁と梁の上下位置関係の相違に由来したものですが、そればかりでなく、ギリシア神殿が石造化へ向かったことで雨水の影響を受けなくなったことに対し、木造を守り続けてきた東アジアでは、丸桁の垂下による変形を防ぐ目的に加え、雨水を遠ざけるために軒を深くとるという目的が複合し、組物の独特の発達をみることになりました［再掲図1］。

5.礎石柱と基壇

　木造建築の柱は、掘立柱をもとに発達していきました。まず掘立柱を施設する手順を［図88］に示します。大地に穴を穿って底に礎石や割栗石を据え、柱を立てます（手順1〜3）。柱根には根絡みを施すこともあります。そして柱の周囲に少し土を入れては細棒で突き固める、という過程を繰り返します（手順4〜6）。土を突き固める構法は、あとに述べる版築構法と同様で、この構法のおかげで柱が強固に自立します。

　掘立柱は腐敗して残らないため、もとの様子がわかることはまれです。しかし柱穴が十分に深く条件に恵まれると、柱の底部が土中に残ることがあります。このような希少な例から推定された柱径は、縄文時代などの例では柱穴の半分ほどを占めていたと考えられています。

　本書の冒頭で述べたように、掘立柱は［図88］のように木材を土中に埋め込むため、高い湿度が維持される地表面に近い位置で、短期間のうちに腐朽するという致命的な問題を抱えており、このことが建築の耐用年限に限定を与えていました。礎石柱はこの問題に対する解決策として考え出されたものです。まず礎石柱が生まれる前提的な段階について整理しておきましょう。

　瓦葺が普及すると上部荷重が大きくなり、掘立柱が沈降するようになって不同沈下を喚起します。当然のことですが、建築にとって躯体の変形は大問題で、柱根の腐朽とは別に建築の寿命に制限を与えてしまいます。このため、掘立柱穴の底に石材を敷いて沈降を防ぎました。その起源は非常に古く、先に触れた前1800年代から前1500年頃まで続いた中国・二里頭の遺跡「第一宮殿址」などに、すでに現れていました（136頁「柱頭以前」の項を参照）。

　このような前提となる段階があって、こののちに、礎石を地表や基壇上に据えて柱を載せるように変化していきます。［図89］は基壇の構築法とその上に礎石を据える過程を一度に図示したものです。まず、地山まで掘り下げたピットに版築層を重ねていきます。版築は世界中に分布する地業ですが、日本では弥生時代にすでに現れており、砂の層と粘土を混ぜた土の層などを交互に重ねます。細い棒を用いてひとつの層ごとに時間をかけてたたき締め、厚さを半分ほどに圧縮する作業を繰り返して層を重ね、型枠を使って地表を越え、基壇を構築します。版築層が出来上がると礎石を据える穴を穿ち、割栗石

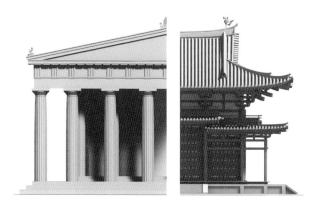

再掲［図1］　パルテノン神殿（左）と平等院鳳凰堂・中堂（右）

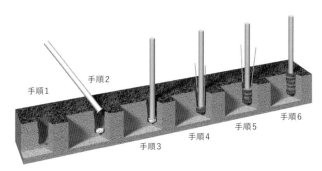

手順1　手順2　手順3　手順4　手順5　手順6

［図88］　掘立柱の構築手順

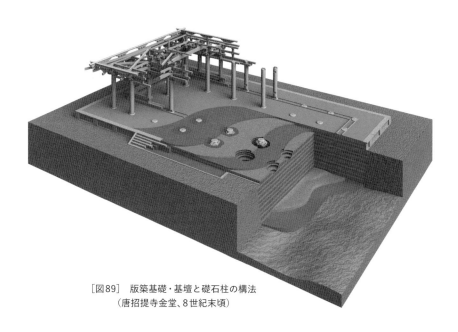

［図89］　版築基礎・基壇と礎石柱の構法
（唐招提寺金堂、8世紀末頃）

を敷いて礎石を据え、周囲を土で充填して突き固めます。そして基壇の側面や上面を石材や漆喰などで覆い、整形します。

　こうして基壇上に顔を出した礎石に、古代前半では加工を施して柱の台座をつくり出していました。しかし古代後半以後近世に至るまで、未整形のままの礎石の凹凸に柱底を削ってぴたりと合わせ、柱を載せるようになります。この技法を「ひかりつけ」と呼んでいます。

　礎石柱は、基壇上に据えた礎石の上にただ載せられたものです。この状態では掘立柱と異なり自力で立ち続けることができません。しかしこの弱点を、飛鳥時代には極度に太い柱を用いることで、その後の時代は柱どうしを横方向に強固につなぎ合うことで補っていきます。極論すれば、机や椅子が床に固定されなくとも自立できることと同じです。この状態を実現するためには、柱どうしをつなぐいくつもの横架材が必要です。古代建築では柱頂をつなぐ頭貫と柱を両脇から2枚の板で挟むようにつなぐ長押があります。そのうち、頭貫のやや下方に位置する内法長押、柱高さの中ほどをつなぐ腰長押、そして少ない例ですが柱最下部をつなぐ地覆長押などがあり［図90］、中世以後では柱を貫く貫（飛貫や腰貫など）も使われました。これ以外にも側柱と身舎柱をつなぐ虹梁など、さまざまな横架材を縦横に組むことで自立できない礎石柱を安定させ、架構の中心的役割を担うことを可能にしています。

　なお、基壇の輪郭は必ず軒先がつくる輪郭より内側に収まるようにつくられます［図91］。基壇は、軒先から落ちる雨水が地表から流れ込んだり跳ねたりすることで躯体に触れることがないよう、地表面から建築を持ち上げる工夫です。しかしそればかりでなく、建築の威容を強調する装置としても重要な存在でした。

5·2 ｜ 社殿と寺院建築

　初期の木造建築は掘立柱を用いるため、世界中がそうであったように我が国でも頻繁に建て替えるものでした。しかし6世紀中頃以後、仏教とともに長期の使用に耐える大陸の進んだ木造建築の技術が伝えられたことで、記念碑的性格を持つ幾多の大寺が造営されました。しかし各地の神社建築は、大陸建築の先進的なテクノロジーを引き受けるようにはなりませんでした。その理由は、先進の技術がつくる建築のシルエットが、そのまま仏教寺院であることを意味したためです。

　土着の神々を祀る神社建築は、仏教建築との相違を意識してかえって伝統的な建築の姿を維持することになりました。しかしそのことは、寿命の短い建築を社殿として使い続けることを意味し、短期間で建て替えることを前提とすることでもあります。

　古式を保った社殿は、中世までは繰り返し建て替えられていましたが、近世に入ると、仏教建築のテクノロジーを限定的に導入するようになります。その結果江戸時代後半頃から格式の高い古社の多くで社殿を建て替えることがほとんどなくなり、結果として現代まで残ることになりました。ただ、例外的に伊勢皇大神宮正殿など、定期的な建て替

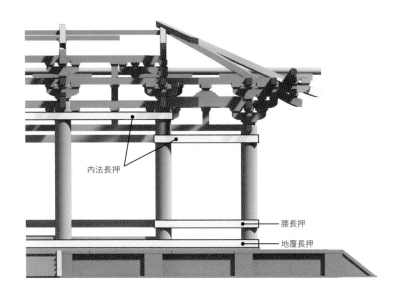

[図90]　礎石柱と横架材

掘立柱の弱点は、地表面近くで木造柱の腐朽が進むことであった。礎石柱はこの弱点の位置に石材（礎石）を据えることで腐朽の問題を解決した。しかし同時に、（掘立柱は自立できるが）礎石の上に載る礎石柱は自立できないという問題を抱えることになった。この問題を、横架材によって柱どうしをつなぐことで総体として柱が安定して立つ、そのような架構を組み立てることで解決した。この結果、礎石柱の建築は、さまざまな横架材を工夫することになり、複雑なシルエットを生み出していった

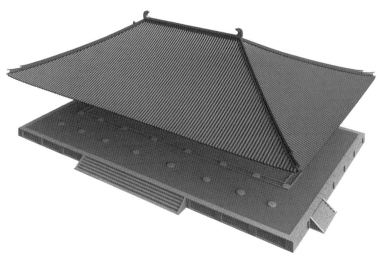

[図91]　軒先と基壇の相対位置

建物を基壇上に建てることで、躯体の足元に雨水が浸入することを防いでいる。当然のことだが、軒先から落ちる雨水が基壇の外に落ちるよう、基壇の輪郭は軒先がつくる輪郭よりも必ずひと回り小さくつくられる

えを祭祀として執行し続ける例もあります。

1.古式の社殿

出雲大社本殿［図92～95］と伊勢皇大神宮正殿［図96～98］は、建築規模などに変化を繰り返しながら現在に伝えられた社殿ですが、それでもさまざまな点で古式を残していると考えられています。

出雲大社本殿はほぼ単体の巨大建築で、その平面に対称性がありません［図93］。向かって右に偏った位置の階（きざはし）を昇って建物に入ると、まず左手に折れ、次に右手に折れてさらに右を向くことで御神体と対面する、という屈曲したアプローチがみられます。この原因は［図94］のように大材を用いた方二間の簡素な架構に起因しています。そして、文献から推定された出雲大社の前身建物の様子は時代によってさまざまですが、堀口捨己や福山敏男が復原案を発表しています。［図95］では福山案を掲載しています。単体で巨大な建築をつくろうという発想は、専制国家に至る途上、群立する小国家が次第に統合されて大きくなる過程で現れました。国家の力量を示そうと、巨大さを求めたことが現れています。

一方、中世まで比較的小規模な社殿であったと考えられている伊勢皇大神宮正殿［図96］では、［図97］に示したようにふたつの敷地を並べて式年造替に対応しています。それぞれ複数の付属建物を配置した対称性のある伽藍を実現し、伽藍中心部を四重の玉垣［図98］、外から順に板垣（いたがき）、外玉垣（とのたまがき）、内玉垣（うちたまがき）、瑞垣（みずがき）で囲んでいます。このような配置の考え方は、専制国家（律令国家）の成立以後に導入された仏教寺院の影響下に生まれたもので、単体の巨大な建築を志向した出雲大社本殿と著しい対比をみせています。両者は大陸建築の影響下にあって、いずれも古法を守ろうとしていますが、それぞれの古法に対する姿勢が大きく異なっています。

2.式年造替

伊勢皇大神宮正殿は、掘立柱の構法を捨てずに維持しています。社殿が短命なままであることが、ふたつの伽藍を並置［図97］し、20年を単位に交互に造替を繰り返す式年造替のシステムを生み出しました。寺院建築の長い耐用年限に対抗し、同一の建築形式を踏襲しつつ祭事として定期的に建て替えることで、聖域全体の長寿命化をめざしたものです。

古代の寿命の短い社殿は、初期には大きな損傷や倒壊などを契機に、不定期に建て替えたのだと思われます。そのような宿命を負った神社建築は、建て替えを積極的に定式化することで、仏教建築の恒久性に対峙する存在をめざし、同時に、旧時代のシルエットを保つ社殿のアイデンティティを守ることをめざしたと考えられます。

3.意図して素朴さを保つ古式の社殿

［図99～104］は、順に住吉大社本殿、春日大社本殿、賀茂別雷神社（上賀茂神社）本

［図92］ 出雲大社本殿

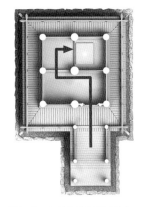

［図93］ 出雲大社本殿平面図

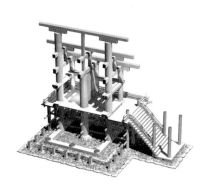

［図94］ 出雲大社本殿の架構モデル

［図95］ 出雲大社本殿前身建物の復原案

［図96］ 伊勢皇大神宮正殿

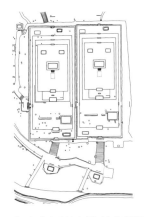

［図97］ 伊勢皇大神宮（内宮）伽藍配置

［図98］ 伊勢皇大神宮正殿をめぐる垣

殿（文久2年、1863）および権殿の図です。いずれの社殿も切妻造の屋根を載せた簡素な身舎を持っており、柱間数も一間から三間までの範囲にとどまっています。そして前方に吹き放しの庇を設けています。ただ、住吉大社本殿は庇を持たないうえ例外的に奥行きを四間としますが、これは内部を前後に仕切って2室とする独特の構成に由来するものです［図100］。

春日大社本殿［図101］は方一間の構成ですが、妻側に扉を構え、前面の階を覆う一間の庇（階隠）を設けています。井桁に組んだ木造土台の上に柱を立てますが［図102］、以前は掘立柱と同じように短期間で腐朽が進んだものでしょう。切妻造、妻入（妻側に入口を設ける形式）、そして妻に庇を設けた春日大社本殿の建築形式を春日造と呼んでいます。

一方、賀茂別雷神社本殿［図103・104］は、正面を三間として切妻屋根の一方を延ばして庇（階隠）を構成しています。これは平入（平側に入口を設ける）に対応した構成で、この建築形式を流造と呼んでいます。いずれの形式も、切妻造の屋根を載せた身舎の一面に庇を付属させる構成ですが、その方向が異なるため屋根のシルエットに大きな相違が現れています。

ただ、屋根形式の項（102頁）で述べたように、身舎・庇構成そのものは寺院建築でも社殿でも相違はありません。寺院建築の場合は、ほぼ例外なく四面に庇を設けることに対し、古式の社殿は、まれに三面庇などの例もありますが、庇を持たないか一面程度の例が支配的です。寺院建築に比べて庇が少ないシルエットは、それだけ素朴な構成であることを意味しますが、この構成の素朴さを保つことは古式の社殿にとって重要なことで、寺院建築とは異なるシルエットが社殿としてのアイデンティティを支えました。

4.社殿の長寿命化

次頁の［表］は、先に述べた寺院建築の耐用年限を延ばす6つの工夫（114頁）を手がかりに、近世初頭頃に建て替えられた社殿に何が起きているかを整理したものです。右端の唐招提寺金堂の項目と比較すると明らかなように、各社殿には瓦葺がみられず二軒の例も少なく、組物を持たないかごく簡素なものが使われ、基壇もありません。このように積極的に古式を保とうとしていることがわかります。とはいえ、礎石柱の社殿が多いことが注目されます。春日大社本殿の土台下に敷かれた挿石も礎石と同様の趣旨です。

これら古代以来の由緒ある社殿は、いずれも寺院建築が実現してきた建築の長寿命化の工夫を、近世になって礎石柱などに限定して採用したことがわかります。いずれの社殿も採用している装飾金物は、耐用年限を延ばすという目的よりも社殿の荘厳が優先されたものだと思われます。簡素な構成の建築であり続けると同時に、社殿の格式の高さを表そうとしたものです。

長寿命化を果たすためには、少なくとも礎石柱の採用は避けて通れないものでした。掘立柱を守ることは、伊勢神宮の社殿のように頻繁な建て替えを引き受けなければならなかったためです。しかし、それ以外の点では、耐用年限が短かった時代の簡素なシル

[図99] 住吉大社本殿

[図100] 住吉大社本殿の室内構成

[図101] 春日大社本殿

[図102] 春日造の屋根構成

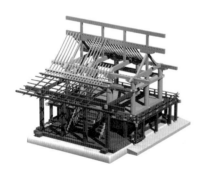

[図103] 賀茂別雷神社本殿の架構

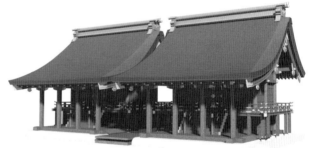

[図104] 賀茂別雷神社本殿・権殿

建築区分	社殿					寺院建築
構成要素	伊勢皇大神宮正殿	出雲大社本殿	住吉大社本殿	春日大社本殿	賀茂別雷神社本殿	唐招提寺金堂
瓦	×	×	×	×	×	○
二軒	×	○	×	×	○	○
組物	×	舟肘木	×	舟肘木	舟肘木	三手先尾垂木付組物
丹塗	×	×	○	○	△	○
装飾金物	○	○	○	○	○	○
礎石柱	×	○	○	○	○	○
基壇	×	×	×	×	×	○
庇	×	×	×	一面庇	一面庇	四面庇
	大陸のテクノロジーと古法の混在					専制国家の表現

[表] 社殿と寺院建築の各部構成対照

古代の建築形式をよく残していると考えられる5つの社殿と寺院建築（唐招提寺金堂）の構成要素を、左端の8つの項目について比較したものである。この表から明らかなように、社殿の構成は寺院建築の恒久化へ向けた構成のうち、限られた技法を選択的に導入している。礎石柱の構法は、脚固めの貫などを用いた近世の技法によって強固な架構を実現している。恒久化をめざしつつも、瓦を葺かず、白木のままとして簡易な組物を持ち、庇を限定して用いる点など、社殿のシルエットが持つアイデンティティをできるかぎり保とうとしている

エットを、できるかぎり踏襲しようとしています。由緒ある社殿ほど、寺院建築に類似したシルエットをみせるわけにはいかなかったためでしょう。とはいえ、寺院建築の工夫を限定して採用しながらも十分な長寿命化が果たせた理由は、中世のうちに醸成されて近世に至る、長押とともに多用された貫の存在や小屋組を含む架構の改良などとともに、精密な部材加工技術が実現したためであったと思われます。

5・3 | 世界の木造建築のさまざまな工夫

1. 柱頭についての補足

　柱頭の発達について古代ギリシア、ペルシア、東アジアの遺例を対象に述べてきました。その過程で触れなかった他の事例について補足しておきましょう。

――― 古代エジプトの柱頭 ―――

　一見して柱頭とみえる最も古い例は、古代エジプト古王国時代、第5王朝のピラミッド葬祭殿などにみることができます。[図105]はカフラー王のピラミッド葬祭殿（古王国第4王朝。前2600〜2500年頃）の柱・梁と、サフラー王のピラミッド葬祭殿（古王国第5王朝。前2500〜2350年頃）の事例を比較したものです。カフラー王のピラミッドの事例は柱と梁の構成とみるより、開口を設けた壁体とみるべきで、角柱（ピア）は幅の短い壁、梁も上部の壁体と理解すべきでしょう。ところがサフラー王のピラミッド葬祭殿では明らかに独立柱（コラム）を用い、柱上に梁を架けるという考え方がみられます。

　[図106]は巨大なカルナック神殿複合施設の一部を形成するコンス神殿です。パイロンと呼ばれる入口の大きな壁体を過ぎると、周囲に柱列を配して屋根を架け、中央に中庭を設けた施設があります。この四周の柱列は2列構成としていますが、新王国時代の神殿の中庭は、壁体と柱列が複合する架構に囲まれた空間でした。

　古代エジプトの柱頭は、[図107]のように時代を経てさまざまな形状が生まれています。ただ、蕾形の柱頭ではおよそ頂部の幅に合わせた直方体、またひらいた花のような形状の柱頭でもひと回り小さい直方体を挟んで梁を載せている点が注目されます。柱頭は上部荷重によって起こる梁の変形（中央の垂下）を抑える目的で生まれたものですが、この性格からみると、エジプトの柱頭の形状は、同様の目的があったとすればまったく意味をなしていません。したがって古代エジプトの柱頭は、前節までに述べてきた柱頭とは異質なものだと考えられます。古代エジプトには木造建築の伝統がほとんどなく、さらに、紀元前3000年にはすでに雨量が極度に少なくなっていたため焼成瓦を採用する機会もなく、構造的な柱頭が発達しなかったと考えられます。古代エジプトの柱頭は装飾であり、そのもととなったアイデアは葦を束ねた簡易な柱が経年変化によってたわんでいった形象や、柱頂が潰れて広がった形象などに由来するのだと思われます。

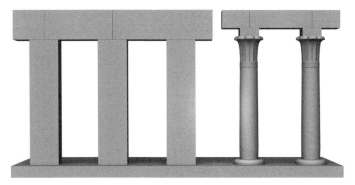

カフラー王ピラミッド葬祭殿　　　　　サフラー王ピラミッド葬祭殿

[図105]　カフラー王、サフラー王のピラミッド葬祭殿の柱・梁架構

古王国第4王朝（カフラー王）と第5王朝（サフラー王）葬祭殿の中庭の構成を比較すると、第4王朝のうちは角柱と梁で構成される。しかしこれは壁体に開口を設けようとしたもので、柱・梁構造に起源を持つ構成ではない。ところが第5王朝になると、装飾的な柱頭を持った明らかに柱といえる部材が現れ、この上に梁を載せた構成に変化する。古代エジプトの石造柱は、ほぼこの時代に成立したようである。なお、柱の形象は木造の柱ではなく葦を束ねた柱などに由来すると思われる

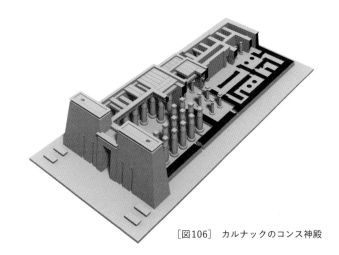

[図106]　カルナックのコンス神殿

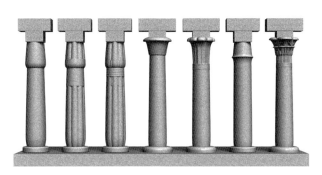

[図107]　古代エジプトの柱と梁

　古代インドも古い木造建築は残っていません。石材に置き換えられた事例から考えて
みましょう。［図108］は、アジャンタの石窟寺院（岩盤を切削した寺院群）、第19窟の
様子です。このチャイティヤ窟では入口脇から仏塔の背面をめぐる柱列がつくり出され
ています。アジャンタ、エローラの石窟寺院に残るこのような柱の形象を［図109］にま
とめました。これらの柱は5〜8世紀頃につくられたもので、おそらく木造柱に比べて
太くデフォルメされています。しかし、柱頭の様子など、失われた木造建築を考えるう
えで貴重な資料です。

　すべての柱に共通して肘木様の部材が載せられており、8世紀のエローラの例では肘
木が十字に組まれています［図109左］。肘木が使われる理由は、柱上で屈曲する桁や梁
の変形を抑えるためですから、木造の桁や梁に対応して生まれたものであり、桁や梁に
上部から大荷重がかかっていたことを予想させるものです。

　したがって古代インドでも、瓦葺に起因する重量のある屋根を支持しようとした木造
建築の時代を経験してきたことがわかります。なお、古代インドの瓦は、古代ローマの
瓦形式が伝播したと考えられています。

2. 軒の梯出法

　長く深い軒を獲得しようとする工夫は、組物によるものばかりでなくさまざまな工夫
がありました。そのうちのいくつかのアイデアについてみていきましょう。

───南アジアの軒の梯出法───

　［図110］は、スリランカ・キャンディーの仏歯寺本堂の架構を示したものです。仏歯
寺は仏舎利の一種であるブッダの犬歯を祀った寺院です。アショカ王時代のあとにイン
ドから伝えられた仏歯は、セイロン島を支配する王権の正統性を示す指標でした。現在
の本堂はキャンディーが首都になった時期、1600年頃に造営された2層の建築ですが、
図は初層の一部のみを示しています。

　ここでは梁を3段積み重ね、その端を下から順に次々に外に延ばすことで丸桁の支持
点を梯出させています。そして丸桁上に、比較的密度のある扇垂木を配し、瓦葺の深い
軒を実現しています。斗と肘木を縦横に組んで丸桁を送り出す東アジアの組物とは異な
るアイデアですが、南アジアの木造建築でも、丸桁を外に追い出すことで軒を深くとろ
うとする工夫をみることができます。また南アジアや東南アジアでは、壁体から外に梯
出した丸桁を、方杖や三角形の板材などで支持する工夫もみられます。

───日本中世建築の桔木───

　日本の寺院建築では古代の後半、平安時代になって屋根面と天井面を分離させる工夫
がはじまります。この工夫は、軒先で接した勾配の異なる2枚の屋根（下方は天井とし

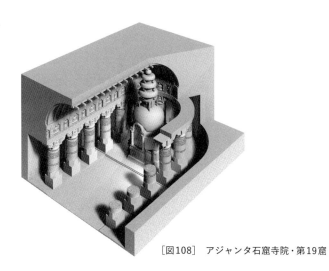

［図108］　アジャンタ石窟寺院・第19窟

［図109］　アジャンタ、エローラの柱と柱頭

アジャンタやエローラの石窟寺院［図108・109］の中には、岩盤から掘り出されたため
デフォルメされた形象であろうが、木造柱の気配がみられるものがある。注目される特徴
は柱頂の肘木とみえる形象で、遅くとも5世紀頃のインドでは、大きな屋根荷重が存在し
たことを間接的に物語っている。大荷重の原因は、瓦葺の導入以外に考えられない

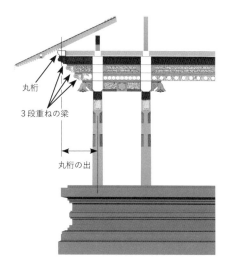

丸桁

3段重ねの梁

丸桁の出

［図110］　スリランカの仏歯寺本堂

て機能）を設けるもので、おもに檜皮葺の屋根形状を整える目的に起因したと考えられています。屋根面は、実際の屋根面を構成する野垂木による野屋根と、屋根葺材の荷重を受けない化粧垂木が並ぶ化粧屋根とに分かれ、その中間に野小屋と呼ばれる空隙が生まれました。

　中世の初期になると仏堂の奥行きが増し、一段と大きな空隙を持つ野小屋がつくられるようになります。［図111］は浄土寺本堂（嘉暦2年、1327）の野小屋の様子を示したものです。この空隙に、桔木と呼ばれる片持梁を挿入することで、軒先を支持するというアイデアが生まれます［図112］。古代仏堂と比較するため、［図113］に唐招提寺金堂の屋根架構の様子を掲載します。古代前半では垂木上面に下地板を張ってこの上に土を葺きますから、野小屋に該当する空隙がありません。これに対し、［図111］や［図112］などの中世の堂塔では、いずれも野小屋を設けて桔木を挿入しています。この工夫の結果、比較的簡単な組物を持つ仏堂でも、深い軒を実現することができるようになりました。そしてこの技法は、近世以後も踏襲されていきます。

　海住山寺五重塔（建保2年、1214）の最上層では、のちの時代に補強のために桔木が挿入されますが、大報恩寺本堂（安貞元年、1227起工）の桔木［図112・114］は建立当初から挿入されます。したがって13世紀の最初の四半紀（1/4世紀）が過ぎた頃、日本建築の軒の荷重は組物が支持するのではなく、屋根裏に隠れた桔木がその役割を担う、という構造上の大きな変革が起こったと考えられています。

　桔木の発明は、組物と丸桁が担っていた軒荷重を受ける役割を桔木が代わって引き受けることになり、このため組物や化粧垂木が繊細になって装飾的な性格が強くなっていく、と考えられてきました。

——桔木の支持点と組物の負荷——

　桔木はその末端を小屋組の束などと連結した片持梁ですが、化粧垂木の上に据えた土居桁を梃子の支持点としています。問題は、土居桁の位置によっては屋根荷重が組物にかかる場合がある、ということです。

　たとえば大報恩寺本堂では、土居桁は柱の直上に載っていますから、軒先までの荷重を受けている桔木を柱が支持しています［図114］。この場合、組物と丸桁には大きな負荷がかからず、たしかに装飾的な性格が大きいといえます。ところが、［図115］に掲載した霊山寺三重塔（文和5年、1356）の初層の場合、土居桁の位置は柱筋より外に出て丸桁の直上に載っています。土居桁の支持点にかかる負荷は、丸桁を通じて組物にかかっており、組物への荷重のかかり方は、古代建築とあまり変わらない事態が起きています。また、二重の柱の下に位置する柱盤が上から桔木を押さえ、一番奥では、桔木の軒側の先端を跳ね上げるように、二重にかかる上部架構の荷重が押さえています。とはいえこのような納まりを重ねていくと、上部荷重が極度に小さくなる最上層では、桔木と土居桁が組物に一段と大きな負荷をかけることになります。

　塔は奥行きが小さいため、梃子の支持点（土居桁）が柱位置より外方に追い出される

[図111]　浄土寺本堂（嘉暦2年、1327）の桔木

桔木

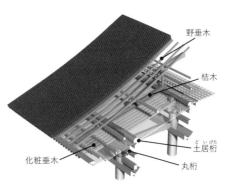

野垂木

桔木

土居桁

化粧垂木

丸桁

[図112]　大報恩寺本堂
（安貞元年、1227年起工）の野小屋と桔木1

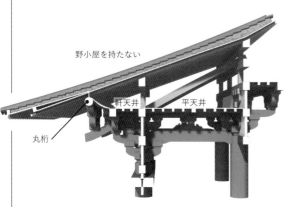

野小屋を持たない

軒天井　平天井

丸桁

[図113]　唐招提寺金堂（野小屋、桔木を持たない）

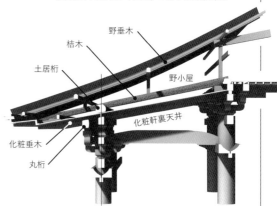

野垂木

桔木

土居桁

野小屋

化粧軒裏天井

化粧垂木

丸桁

[図114]　大報恩寺本堂の野小屋と桔木2

日本の寺院建築は、古代後期から野小屋を持つようになり、中世に入るとこの空隙に桔木を挿入するようになる。桔木は片持ちの梁として機能し、長く延びた軒を支持する構造材だが、小屋組の中にあって目に触れることがなく、組物が軒を支持しているようにみえる状態を保とうとしている。このため中世以後の組物は、構造的な意味を失って装飾的に扱われるようになったと考えられてきた

桔木が片持梁として機能するためには、梃子の支持点が必要である。この役割は、仏堂では柱真上に置かれた土居桁が担っている。したがって仏堂の桔木が受ける荷重は柱に伝わる。一方、霊山寺三重塔の初層では、土居桁が丸桁の真上に載っている。このため土居桁にかかる荷重を組物が受けている。塔は奥行きがないため梃子の支持点である土居桁が外に追い出される傾向にあり、その荷重を組物が受ける場合が多い。中世であっても、組物が構造的に機能する場面がたしかに存在していた

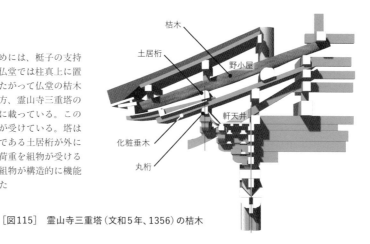

桔木

土居桁

野小屋

軒天井

化粧垂木

丸桁

[図115]　霊山寺三重塔（文和5年、1356）の桔木

傾向があり、組物にも相応の荷重がかかる場合が多いようです。したがって中世では、従来指摘されてきたように、組物の性格が装飾的になる傾向がたしかに認められますが、仏堂ではそうであっても塔など特別な例では組物が屋根荷重を引き受けることもありました。このことは、一見して繊細にみえる中世の組物も、荷重を担うことのできるたしかな部位であったことを意味しています。

3. 木造部材の木口を守る

　木材は、その繊維に沿って削られた面は比較的雨水に強いのですが、繊維に直交するように切断された面は毛細管現象で水分を吸い込み、容易に手放さないため腐朽しやすいことはすでに指摘しました。繊維の切断面をみせる部材の木口は木材にとって大きな弱点です。この弱点をいかに守るかというテーマも木造建築の大きな課題でした。

——金物を使って保護する——

　[図116] は伊勢皇大神宮正殿の図です。掘立柱と白木、茅葺の社殿ですが、装飾金物が各所にみられます。左図だけではわかりにくいので、躯体木部と金物を区別できるよう右図を併置します。右図の中の白い部分がすべて装飾金物です。たとえば棟の上に10本並ぶ鰹木の木口、千木の先端や穴の開いた箇所、桁や垂木、破風板などの木口、階の木口など、ほとんどの装飾金物が木口を覆っており、一部に部材接合部を側面から覆う例（扉の角や高欄の部材接合部）、そして、打ち込まれた釘の頭にかぶせた例も認められます。

　これらはいずれも木質繊維が断面をみせている、あるいは（釘などで）断裂している位置ですから、装飾金物が木部の弱点を被覆していることがわかります。しかし正殿は20年で建て替える短命な施設であることはすでに指摘しました。短命の建築にもかかわらず装飾金物を各部に施設することは、周辺に建つ他の施設に比べて正殿の格式が一段と高いことを示そうとする意図によるものです。したがって装飾金物は、正殿を荘厳するために施されたものに違いありません。

　しかし、東アジアの木造建築に施された装飾金物は、本来、木部の弱点を保護するためのものでした。このため荘厳を目的として装飾金物を施設した場合であっても、結果として木部を保護する機能が働くことになります。つまり、ここには建築の装飾金物の本来の意味が示されており、たとえ装飾化が進んでいても木部の保護という目的から離れた建築金物は存在しなかった、ということを示しています。

——木材を木材で被覆する——

　[図117] は、著名なクメール建築のひとつバンテアイ・スレイ（960年頃）の伽藍中心部への入口建物（ゴープラ）と参道脇の付属建物の屋根妻壁です。上図は破風板彫刻の様子がよくわかり、下図は石造壁に5本の木造桁（上から順に棟木、母屋桁、軒桁）を載せた痕跡を残しています。また [図118] は、プレア・ヴィヘア寺院の伽藍北端に位置

[図116]　伊勢皇大神宮正殿の装飾金物
伊勢皇大神宮正殿の装飾金物は、建築金物の趣旨に沿って木造部材の木口
を被覆する位置に施設されており、建築の長寿命化をめざしたもののよう
である。しかし正殿は20年ごとに建て替え（式年造替）を繰り返している。
つまり装飾金物は、建物の荘厳を目的として使われたものであった

[図117]　バンテアイ・スレイ（960年頃）ゴープラ、付属建物の妻壁

する第5ゴープラの東の妻壁です。いずれも木造屋根を架けた遺構で、とくに［図117下］の建物から、かつては5本の桁を架ける小屋組とその桁の先端に木造破風を構えていた様子がわかります。

　［図117］と［図118］の妻壁の石造装飾の様子を手がかりに、現存例のない、失われた木造破風の様子は［図119］のように推定されます。まず、幅のある破風板を用いた理由は、桁の木口を覆って保護するためであったと考えられます。そして破風板の表面に並ぶ菱形の装飾は、桁の木口に破風板を釘留めとしたため、破風板の表面に残った釘の頭を被覆した部材（日本建築史の用語では釘隠という部材に該当）に起源を持つと考えられます。大ぶりな装飾ですので、もとは木板であった可能性が高いと判断しましたが、石造に写された時点でデフォルメされた可能性もあり、もとは金物であった可能性も十分あり得るでしょう。そうであれば、日本建築の板扉などに施設される釘隠や乳金物と同じ趣旨の金属部材ということになります。

　［図120］は平等院鳳凰堂の中堂屋根を簡略化した入母屋屋根の妻壁周囲を表した図です。妻壁の外に傍軒が延び、その先端に破風板と懸魚が施設されています。日本建築の破風板は、桁の木口の下半分の上に腰掛けて載るように施設されますので、破風板は木口の上半分ほどを覆い、その下から木口の残りが顔を出します。そしてここに懸魚が配置されます。懸魚は装飾化が進んで下方に延びていることと、桁木口に必ず施設されるとは限らないためわかりにくいのですが、本来は桁の木口を被覆するための部材です。木材を木材で被覆することは矛盾するようですが、構造材の桁木口を覆う懸魚は、木口と繊維方向が異なるためそれだけ雨水に強く、また傷んでもこの部材だけを容易に取り替えることができます。

　懸魚の形状はよく考えられたものです。まず、桁の木口を被覆する位置に浸透した水分が、早く下方に抜けるようにその形状を下方に延ばしています。そして、その下部に集まった水分が迅速に抜けるように先端を尖らせ、さらに要所に猪目形の穴を開けて下部の乾燥を促しています。装飾的な相貌にもかかわらず、背後にさまざまな工夫が隠れていることがわかります。

4. 礎石柱の諸相

　礎石柱のアイデアは、発達した東アジアの木造建築に固有の工夫のように考えられてきました。しかし、短命な掘立柱の宿命はどの文明でも大きな問題として受け止められたため、礎石柱のアイデアは世界各地に現れています。礎石柱のテーマは、どの文明においても、自立できない礎石柱をいかに安定して自立させるかというものでした。

――木造ギリシア神殿の礎石柱――

　前620年頃に造営されたテルモン（テルモス）のアポロ神殿は、木造時代のギリシア神殿を代表する遺跡のひとつです。この遺構はのちに建てられた石造神殿跡の直下に埋

［図118］ プレア・ヴィヘア寺院・第5ゴープラの妻壁

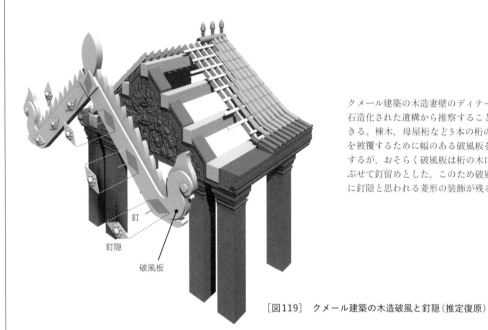

クメール建築の木造妻壁のディテールは、石造化された遺構から推察することができる。棟木、母屋桁など5本の桁の木口を被覆するために幅のある破風板を施設するが、おそらく破風板は桁の木口にかぶせて釘留めとした。このため破風板上に釘隠と思われる菱形の装飾が残る

釘

釘隠

破風板

［図119］ クメール建築の木造破風と釘隠（推定復原）

破風板

懸魚

［図120］ 日本建築の懸魚（平等院鳳凰堂・中堂）

没していた前身建物で、復原案が提出されていますが不明な点も少なくありません。

　この神殿は日干レンガの壁と瓦葺屋根を備え、彩色の施されたテラコッタでつくられたメトープやアンテフィクサ（軒丸瓦の瓦当に相当する部位。装飾化して丸瓦の上方に立ち上がる）が出土しており、木造の柱と梁の架構であったと考えられています［図121］。

　周柱は礎石に載り、その柱間寸法は正面で2.7ｍ、側面で2.8ｍと報告されています。J.J.クールトンは、礎石上面の円形のつくりだしから、その径0.65ｍに合致する太さの柱であったと考え、ほぼ同時代のサモス島のヘラ神殿が柱間2.5ｍに対し柱径が0.35ｍであったことと比べ、アポロ神殿の柱について「そのような大きな円柱は、構造上の理由からはほとんど説明できない」と判断しています[4]。しかし、草葺屋根のヘラ神殿に対しアポロ神殿が瓦葺であったことに注意しておくべきでしょう。

　たとえば法隆寺金堂の柱間寸法は、中央間10.68尺（3.24ｍ。現在の尺に換算。以下同）、端の間7.12尺（2.16ｍ）に対し、柱径は柱底2.0造営尺（唐尺＝造営尺0.296ｍにて換算。以下同）、胴張の最大径2.1造営尺、柱頂1.8造営尺ですから最大径は0.62ｍほどです。

　建築の形式が異なり比較が難しいのですが、アポロ神殿と法隆寺金堂の柱間に対する柱径の関係は、よく似ているといっていいと思います。法隆寺金堂の柱は日本建築では例外的に太いもので、［図122］や［図123］（当初計画の図。裳階を持たない）のように、柱を横方向につなぐ部材が頭貫以外にないため礎石柱として不安定な架構です。しかし上部から大きな屋根荷重を受けることと極度に太い柱を用いることで補っていると考えられてきました。アポロ神殿の周柱も上部に桁を載せますが、周柱どうしを直接つなぐ横架材を持たなかったと考えられます。したがって柱径を太くとり、瓦葺の大きな荷重で上部から押さえることで礎石柱の安定を図ろうとした、と考えることができます。

　クールトンの指摘のように、ただ上部荷重を受けるだけであれば、柱径はもっと細くとも問題はなかったでしょう。しかし古代ギリシアの工匠たちは、草創期の礎石柱を、瓦葺の荷重のもとでどう安定させるかという問題の解決策として、太い柱を採用したのだと思われます。

　アポロ神殿および法隆寺金堂の解決策は、礎石柱の初期的な段階にみられる工夫であり、まだ横架材が未発達な時代のアイデアです。ただ、ギリシア神殿は石造化へ向かったため、この時代以後も周柱どうしをつなぐ横架材が発達する機会を持つことがありませんでした。

　なお、木造アポロ神殿の事例は、古代ギリシアの神殿が石造化を果たすことで太い柱を採用したわけではなく、木造神殿の時代のうちに、すでに太い柱を用いる工夫を経験していた可能性があることを示しています。

―― 南アジアの礎石柱 ――

　南インドやスリランカには独特の木造架構が残っています。スリランカの木造建築でとくに注目される点は、際立って狭い柱間が各所で使われていることです。［図124］は、前掲の［図110］と同じ建物、スリランカ・キャンディーの仏歯寺本堂入口の様子です。

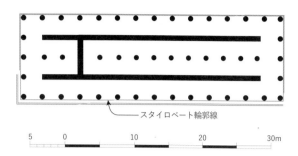

スタイロベート輪郭線

5　0　10　20　30m

［図121］　木造時代のアポロ神殿（周柱回りの推定復原）と復原平面図
J.J.クールトンは、テルモンのアポロ神殿の柱間寸法を正面2.7m、側面
2.8mとするが[4]、スタイロベート（基壇最上部）の短辺12.14m、長辺
38.23m[5]から算出される柱間寸法（真々）は短辺で約2.85m、長辺は短
辺の柱間寸法より小さく2.7m弱となる。クールトンの柱間寸法の算出
値はおそらく正面と側面が入れ替わっているが論旨に大きな影響はない

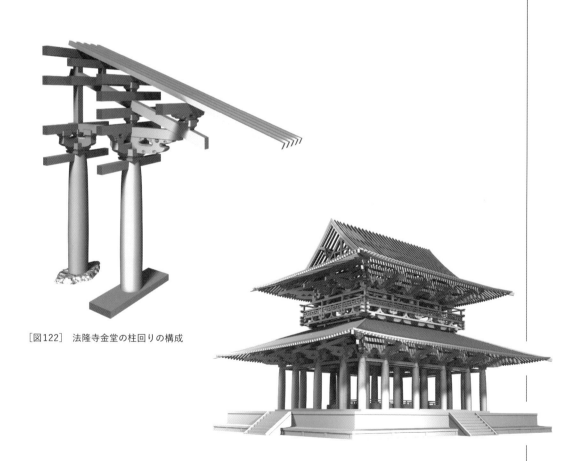

［図122］　法隆寺金堂の柱回りの構成

［図123］　法隆寺金堂のスケルトンモデル

また［図125］は、2層の仏歯寺本堂をモデルとして簡略化したもので、下図では柱と梁のスケルトンを示すため、垂木と小屋組を省略しています。中央間を除けばどの柱間も狭いことが特徴的ですが、さらに、一部に極度に狭い柱間も使われており、隣接する肘木が衝突するため、連続した姿の一材でつくった肘木が使われています。

　狭小な柱間構成は、繰り返し造営された建築形式を踏襲したもので、仏歯寺本堂に固有のスタイルではなく多くの事例があります。日本の木造建築に慣れた視点からみると、この柱間構成はやや不自然とも過剰とも映ります。なぜ狭小な柱間が多用されるのでしょう。通例、南アジアの木造柱は、石材や漆喰で仕上げた基壇上面に載っており、そのままでは礎石柱と同じく不安定な状態です。このため柱間を極度に狭くとって柱頂を連続した肘木でつなぎ、さらに梁を、通例では3段ほど重ねることで上部から押さえるようにして安定を保とうとした、と考えることができます。

　3段に重ねられた梁の端は、次々に伸び、外に向かって丸桁を追い出しています。軒を深くとることを目的としたものですが、そればかりでなく3段も梁を重ねた強固な上部架構を積載することで、狭い柱間に渡されて柱どうしをつなぐ肘木とともに、自立できない柱を安定させることにも寄与していると思われます。また、一見してやや過剰ともみえる上部架構は、柱中ほどの高さや底部に施される横架材を省略することを可能にしており、すっきりとした柱列の構成を実現しています。

——スリランカ仏歯寺本堂の工夫——

　スリランカ仏歯寺本堂にみられるさまざまな工夫は、具体的な方法をみれば、それぞれ東アジアの木造建築とは異なるアイデアです。しかし、基壇を高くとること、礎石柱（基壇）を用いてなお柱を安定させること、梁を伸ばして丸桁を送り出し、軒を深くとろうとすることなどの特徴は、東アジアの木造建築と共通した目標を持っていたことを示しています。

　仏歯寺本堂の基壇、柱間、梁の先端にみられる構成は、結局、木造の躯体を雨水からいかに保護するかという、世界の木造建築に共通するテーマが体現されていることを示しています。

註
1) M.R. Popham, P.G. Calligas, L.H. Sackett, J. Coulton and H.W. Catling, "The Protogeometric Building at Toumba. PART 2: The Excavation, Architecture and Finds", *LEFKANDI II*, The British School at Athens, 1993.
2) Christopher Tadgell, *Hellenic Classicism: The ordering of from in the ancient Greek world*, Ellipsis London Limited, 1998.
3) 大津忠彦・常木晃・西秋良宏『西アジアの考古学』同成社、1997年。Banister Fletcher, *A HISTORY OF ARCHITECTURE (18th edition)*, University of London, The Athlone Press, 1975.
4) J. J. クールトン『古代ギリシアの建築家——設計と構造の技術』伊藤重剛訳、中央公論美術出版、1991年。
5) スタイロベートの寸法は、Isabel Hoopes Grinnell, *GREEK TEMPLES*, The Metropolitan Museum of Art, NEW YORK, 1943.による。

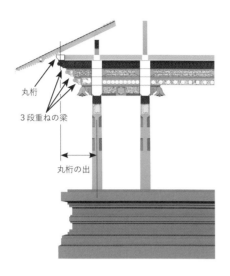

丸桁

3段重ねの梁

丸桁の出

再掲［図110］　スリランカの仏歯寺本堂

［図124］　仏歯寺本堂の入口回り

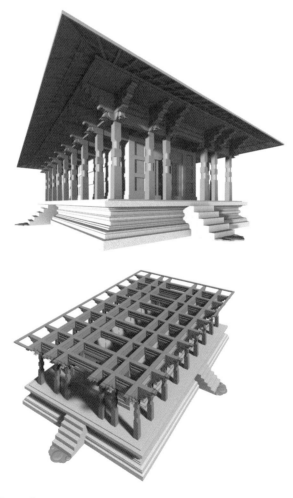

［図125］　仏歯寺本堂のスケルトンモデルと柱列（上層を省略）

終章

　終章では第Ⅱ部までに述べてきた検討結果を踏まえ、建築の特質を、初源から内在している自然的性格とやや遅れて帯びるようになった社会的性格に注目し、あらためて建築の成立と変遷、その過程について整理します。

＊

　新石器時代に入って人類が定住生活をはじめ、農耕に目覚めると、穀物の備蓄が生活に安定を与え、人口の恒常的増加を招きます。そして人口の増加は労働力を増やし、耕地や集落を拡大させて小さな都市国家を形成していきます。この発展は、世界各地の天水農業のもとでは非常にゆるやかでしたが、ナイル河やチグリス・ユーフラテス河など、大河に沿った特別な地域では急速なものでした。これらの河川は定期、不定期の氾濫によって常に肥沃な耕地を保証し、現代からみても異常ともいえる高い収穫率を得ていたためです。人類の最初期の文明は、このように特別に恵まれた条件のもとで誕生し、幾多の小さな国家を形成しました。

　集落を形成しはじめた初期の住居施設は、周辺で容易に入手できる材料を用いたやや応急的なシェルターからはじまり、ある程度の耐久性を獲得するようになっていきます。そして、集落のなかに階級の分化が起こる頃には、定期的な祭祀を行う族長の住居などに限って、特別に大きな施設などへと変化していった時期があったと考えられます。このとき、自然の脅威にとりあえず対抗できるだけの存在であった住居施設に、社会的な意味や価値が付与されはじめます。

　集落が発展して小さな都市国家が成立をはじめる頃には、文明によっては、住居とは異なる専用の宗教施設がつくられるようになりました。この施設は都市国家の精神的中心であるとともに政（まつりごと）の拠点であり、小国家間ではじまりつつあった交易などの経済活動の拠点となって契約の場として機能しました。契約を守り合うことは神前で取り交わされることで担保され、そしてその契約内容を簡単な記号や文字によって記録し保管するという契機を得て、文字や数表現の発明、数えることから計算術への発展などがはじまりました。神殿を拠点とする活動は特別なものとなり、祭祀王を誕生させて都市国家の階級分化を一段と鮮明に、強固なものにしていきます。

　このように、たしかな社会性を帯びた特別な施設が誕生しつつありました。そしてこのことは歴史の次の段階、小国家群を統合して形成される専制国家の成立によって決定的なものになります。

　多数の小国家を統合することで、短期間のうちに膨れ上がった巨大国家の王権は、王墓や神殿などの施設に王権の力量を示し、不可侵性とともに信頼性を高める役割を求めました。このような過程を経て、建築は一段と強い社会性を帯びていきます。

　社会性を帯びたことでただの施設が建築に昇華した、あるいは建築が誕生した、とと

らえることもできると思います。というのも、社会的な使命を帯びたことで短期間に使いきり、建て替えていたそれまでの施設とは異なる存在、記念性を持つ恒常的な施設が求められたからです。その結果、意図してデザインされ、周到に計画され造営された施設、つまり建築が誕生した、と考えられます。社会的意味や価値が求められたことで、建築には規模を拡大し寿命を延ばすこと、記念碑的デザインを模索することなど、技術的、意匠的なテーマが強く喚起されることになりました。

*

自然の外的脅威に対抗するため、自然から得た材料の持つ特徴や制約のもとで構築された施設は、当初から自然的性格を強く帯びています。そのような施設が社会的性格を重ねていく過程は、その施設の用途に依存した場合も多かったと思いますが、具体的な造形の場面にもみられます。この過程がよくわかる事例をみてみましょう。

メソポタミアの初期の神殿は、住居と同じ日干レンガでつくられた施設でしたが、たび重なる大河の氾濫によって足元が溶解し、倒壊することを繰り返しました。日干レンガは溶けて泥土に戻り、その場に堆積します。そして新しい施設は土中に残る基礎を利用しつつ、堆積した泥土を整えて基壇とし、その上に造営されることを繰り返しました。神殿はつくり替えるたびに基壇を広げ高さを増して構築することになり、その上に載る神殿も規模が拡大する傾向にありました。こうして神殿は、結果的に少しずつ高度を増し、そのことで氾濫の影響を受けにくい施設に変わっていきます。つまり高度を増すことは、施設の恒常性を確保することでもありました。そしてこの過程は、どこかの時点で大きく飛躍し、旧約聖書に記された「バベルの塔」のような背の高い施設、塔へと変貌していきます。

ウルのジグラトをみてみましょう。ウル第3王朝の王であったウル・ナンムは、前2100年頃に都市ウルの大改造を行い、このときナンナ神とその妻ニンガルを祀ったジグラト「エ・テメン・ニグル」を改造します。ジグラトはこの改造の時点で、すでに記念的造形が明らかになりつつありましたが、前550年頃に至って、新バビロニア王国の王ナボニドスによってさらに大きな改造が加えられました。

数次の建て替えを経たのち、ウル・ナンムが再建した姿は、3層の基壇の上に神殿を載せた姿に復原されています［図1］。そして新バビロニア王国時代の造営は7層の基壇を持つ塔状の姿に復原されています［図2］。現在はほとんど最下層の基壇だけが残る状態ですから、提案されたこれらの復原はさまざまな推定が含まれたものです。とはいえ3層の基壇から7層の基壇を持つ塔へ変貌していったことは、発掘された文字資料などからも確実視されています。

この変貌が意味するものは、大河の氾濫によって建て直すたびに基壇が高くなるという相対的に消極的な対自然の営為が、いずれかの時点で積極的に高さを追求するように変質したことを意味しています。高く聳える塔の上に神殿を掲げることが神殿の権威や威信、ひいては王権の力量を表すという社会的な意味を帯びていったためです。

古代ギリシアの木造神殿は、日干レンガの壁体を保護するため軒を深くとるように

なると、軒先の垂下を抑える桁とこれを支持する周柱が加えられていったことは、すでに本文で指摘しました。風雨の影響を受けやすかった周柱は、早い時期から石造化へ向かいました。石造柱は、それ自体の安定のために木造時代よりも太くつくられるようになり、石造桁を載せるようになるとその変形（中央の垂下）を抑制するため柱間を小さくとるようになります。石造柱が密度濃く林立する姿へと変貌していったことは、石材の性質という自然的条件への対応の結果です。しかし林立する石造の太い柱は、神殿の威容を表現するものと受け止められ、都市国家の力を示すという社会的性格を帯びていきました［図3］。

　また、アンコールに残るバプーオン寺院（11世紀中頃）は、小山のような姿をしたいわゆる堂山型の寺院ですが、碑文によって、「メール山（須弥山）」を中心とした、いわゆる「須弥山世界」を象徴するものととらえられていたことがわかっています。この寺院は、それぞれ回廊で囲まれた大きな基壇を重ね、最上層の中央に塔状の祠堂（プラサート）を設けていました。したがってこのプラサートは、世界の中心に屹立する須弥山を象徴する存在であったわけです。

　しかし、そのような象徴的な世界像が理由となって塔状祠堂が生み出されたわけではありません。本文で指摘したように、焼成レンガや石材で空間を覆うとき、迫り出し構造にしたがえば、祠堂は安定を求めて塔状にならざるを得ません。したがって［図4］に示したように、相対的に小さなブロックを用いて迫り出し構造を実現するという対自然的な工夫が、いずれかの時点で宗教的な象徴や王権の神話的な正当性、つまり社会的性格を付帯していったことがわかります。

　建築は社会性を帯びた存在であり、たしかな社会性を持つことが、ただの施設から建築を区分する指標と考えることもできると思います。そして建築界では、社会性を強く意識することが記念性を実現させるべく意図してデザインすることを求め、こうして成立した施設こそが建築である、ということになるでしょう。とはいえ古代初期において、建築はまず、自然界のさまざまな脅威に対抗して恒常性を獲得することが最大のテーマでした。

　このテーマは、長期にわたって重力に耐え続ける強固な架構、風雨を避け耐性を保つための多様な仕組み、雨水に浸食されないさまざまな工夫やアイデアなどを、やはり自然物である建築材料それぞれの特性に対応しつつ、これらを用いて実現することでした。もちろんこのことは、背後に控える社会的性格を意識した行為であり、記念性の追求という行為の延長にあることに違いはありません。そうであっても直接のテーマは、自然に対抗するための技術でありデザインでした。

＊

　目標に向けてさまざまなアイデアや工夫を以て試行錯誤と改善を繰り返した過程は、それらの経験が蓄積されることで次第に淘汰が働き、より効果のあるアイデアが選別され、また複数のアイデアが重ね合わされていく過程でした。そしてこのような過程は、有用なアイデアを繰り返し採用することにつながり、次第に、建築に一定の形式を与え

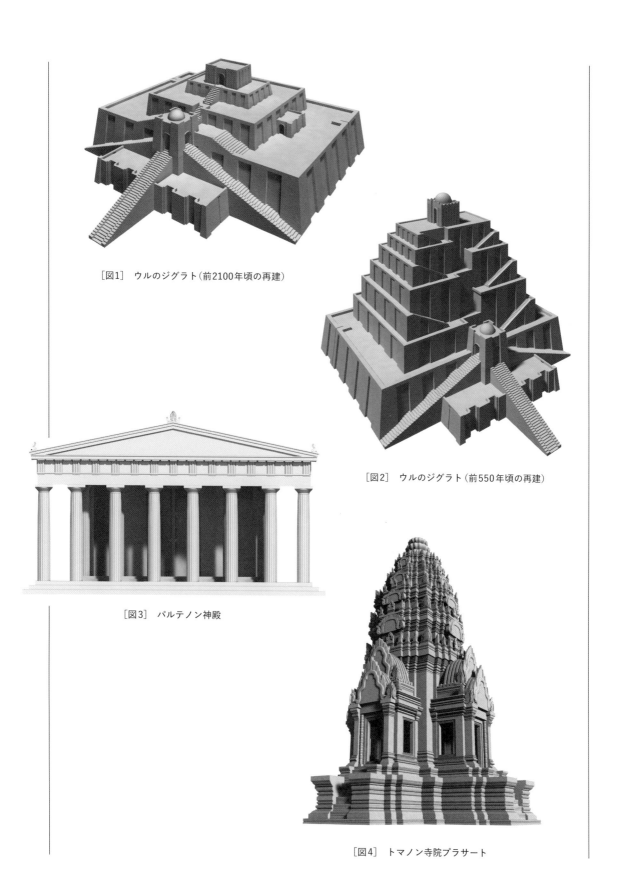

［図1］　ウルのジグラト（前2100年頃の再建）

［図2］　ウルのジグラト（前550年頃の再建）

［図3］　パルテノン神殿

［図4］　トマノン寺院プラサート

ていくことになります。

　古代では、そのような経緯を経て、いったん完成した形式、様式にたどり着きます。そして中世や近世の建築は、これら古代の成果を前提としてその上に工夫を重ねていった時代です。その過程では、古代建築の形式に宿る対自然的な工夫の意味などが次第に自覚されなくなり、対自然的であるよりも成立した形式が持つ対社会的な意味を、一段と強く意識することが常であったと思われます。

＊

　日本古代の仏教伽藍では中心的な建築として塔や金堂が造営され、これを取り巻く回廊やその外辺に僧坊や食堂などが整然と配置されました。

　いまは、金堂と回廊をとりあげて比較してみましょう。金堂は高い基壇の上に太い部材を縦横に組み、三手先尾垂木付組物などの複雑な仕組みを惜しみなく配し、深い軒を持って力強く屹立しています［図5］。一方、回廊は低い基壇上に立ち、大斗肘木や平三斗などの簡素な組物を用い、軒の出も、相対的に小さな構成にとどまっています［図6］。

　両者の構成には大きな相違がみられますが、これは本来、耐用年限を延ばす備えの程度の相違です。つまり、施設の重要度に対応した、対自然的な備えのあり方の違いが現れたもので、最も大切な金堂の耐用年限が回廊に比べてたしかなもの、長寿命であることが期待されたことを意味します。

　しかし時代が下ると、これらの備えの相違は建築の「格式」の高低を表す形式であるかのように受け止められていきます。つまり対自然への備え方、耐用年限を延ばす工夫の重ね方の相違が、社会的な意味を重ねていくうちに、自然に対応しようとした本来の意図が明確に意識されなくなっていく、ということです。

　日本の場合は、当時の最新のテクノロジーを大陸から導入したことで、建築形式は当初から社会的性格を強く帯びていました。このことが中世前半に現れた桔木の発明、つまり、みかけの建築形式をほぼ変えることなく構造の改革を実現する、という工夫が生まれた原因のひとつと考えられます。そして桔木の発明は、形式を素直に受け止めた古代和様と、形式を意図的に守ろうとした中世和様という、建築形式に対するとらえ方の相違を象徴するものでもあります。

　一方、大陸では、組物を改良して尾垂木を複数加えて軒の大きな梯出を確保する、あるいは架構の弱点を補うため丸桁の支持点（組物）を増やすなど、本来の対自然的な趣旨に沿った発達過程がみられました。そのようにして発達した大陸の建築形式は、300年ほどの大陸との没交渉の時期を経て、第二次渡来様式として中世初頭前後に日本に導入されました。これらは大仏様［図7］や禅宗様［図8］として、従来の和様建築とは別の存在、別の様式として使い分けられましたが、ふたつの新様式は相対的に特別なもので、中世寺院遺構の80％以上を和様建築が占めています。

　わずか2棟の遺構を残す大仏様を例外として、禅宗様の遺構においても野小屋に桔木が挿入されます。隙間なく組物を並べた詰組は、上部荷重の支持を桔木に任せることで、丸桁を支える本来の意図からやや離れ、装飾的性格を帯びています。このように自然に

［図5］　法隆寺金堂

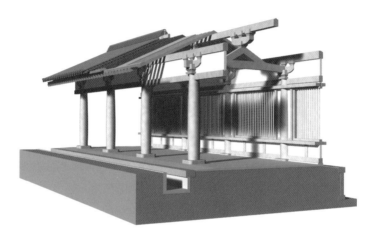

［図6］　法隆寺回廊

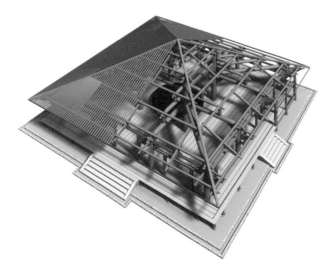

［図7］　大仏様仏堂（浄土寺浄土堂）

対処するためのアイデアが重ねられた新しい成果も、日本では別個の様式として受け止められ、従来の様式と使い分けられました。対社会的な文脈のなかに位置づけることが強く意識された結果です。

＊

　ヴィトルヴィウスの時代（前30年頃）、すでにトライグリフの本来の意味は明確ではありませんでした。彼は、自著である『建築書』の中で「それの外観がかれらにあまり美しく見えなかったので、現在トリグリュフォス（トライグリフ）になっている形につくられた板片を材の断面前面に取り付け」た、と記しています。

　しかしトライグリフは、木造部材の弱点である（梁の）木質繊維の切断面を被覆し保護するために現れたものです［図9］。ところがこのことは、石造化の過程で忘れ去られ、ヴィトルヴィウスの時代には本来の意味が理解できなくなっていたのだと思います。

　古代であっても、木造から石造に移行するという甚大な変化を経験し、さらに、ギリシア人が生んだ様式を模倣するローマ人が建築造営の主体になっていったことで、木造時代の対自然の工夫の意味が忘れられ、対社会的な性格に注意が向けられて意味を変質させていく、そのような状況があったことを示しています。日本建築に限らず建築の形式、様式が固定していく過程でいつでも起こり得る事態であったことがわかります。

　古代ローマ建築を実測し、ヴィトルヴィウスを解読して古典建築を学ぼうとしたルネサンスについては、あらためて言うまでもなく、古典建築を様式として受け止めることが最重要の課題でした。それはもちろん、ルネサンスの時代が古代ローマ（古代ギリシアも含まれていますがその自覚のない時代でした）の文化に社会的価値を見出した時代であったためで、このことが古典主義建築を生む原動力でした。

　時代が下ると、造営される建築は、古代のうちに成立した形式、様式にもとづいて造営されますから、その形式を守ることで対自然の問題がおのずからほぼ解決されます。形式が固定する以前に最重要であったテーマは、次第に意識される機会が少なくなり、対社会的な意味を帯びた固定的な形式や様式の再生産こそが重要なテーマに浮上していきます。そのような段階では、建築のテーマはその様式をいかに効率よく造営するか、ということに関心が向くことになります。

　建築形式、様式が固定化していく、定式化していく経緯は決して悪いことではありません。どのような時代の建築形式であれ、そのような経緯を通過することは必然的なことです。固定化が進み過ぎて硬直化が起きてしまえばよい面が失われてしまうこともありますが、一般に、構成要素とその組み合わせが淘汰の過程を経て定式化していくことは、建築のシルエットや細部構成に洗練美を与える重要な契機として働きます。よく似た構成をつくる機会が繰り返されれば、おのずから造形的なバランス感覚が研ぎ澄まされる機会になるためで、建築の定式化は、抽象美である建築の美の実現にとって非常に重要な契機になりました。

＊

　日本古代の垂木割の計画技法は、中世初頭に整理統合されて「枝割制」が成立します。

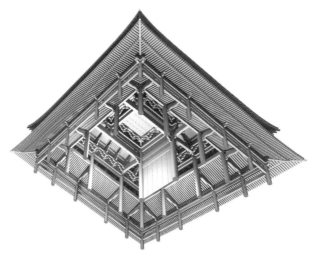

［図8］　禅宗様仏堂（正福寺地蔵堂）

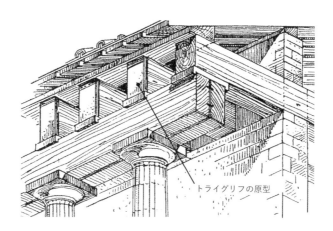

トライグリフの原型

［図9］　トライグリフの本来の役割

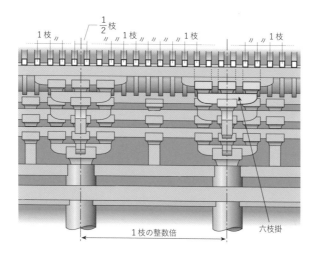

1枝　　　$\frac{1}{2}$枝　　1枝　　　　1枝　　　　　1枝

1枝の整数倍　　六枝掛

［図10］　枝割制と六枝掛組物

この技法は、柱間寸法の決定を優先した古代建築が抱えていた、柱間ごとに垂木の歩みがわずかに乱れてしまうという技法上の問題を、柱間寸法を垂木歩みの支配下におくことで解決をみたものです。そしてこの考え方は、技法の内容に変化を起こしつつ、変遷をたどりながらも幕末に至るまで日本の社寺建築が守り続けた制になりました [図10]。

「枝割制」の成立は、仏堂では13世紀の最後の四半期になって、垂木割のもとに組物の大きさを位置づける六枝掛組物を生み出します。この組物の形式が成立すると、軒先に残っていた垂木の乱れも、丸桁の出を垂木歩みの整数倍で制御することで、2本の垂木が丸桁真を対称に手挟む納まりとともに、理念的には間内（柱の内側の間）と同じ歩みをとることが実現します。この結果、垂木の間隔は、軒も含めて細部までを覆う統一的な長さの単位（水平方向にのみ働く）としての性格がより強固になり、組物の大きさや出の長さと固定的な関係を構築していきます。

このような細部相互の関係が呼応し合って整理され、定式化していくことではじめて、体系化された近世木割システムが生まれる素地が出来上がります。そしてその前段階の中世後期では、枝割制によって細部まで定式化した塔の雛形が生まれ、この雛形にしたがった三重塔が繰り返し造営されました。同様の傾向は五重塔にもみられます。自由度が少なく、最も繊細な調整を求められる塔が最初に雛形の形成にたどり着いたことは、建築形式が固定化しつつあることとともに、効率のよい建築生産の方法を求めることが大きなテーマになりつつあったことを示しています。

そのような過程を経て成立した近世の木割書の第1のテーマは、すでに完成している建築形式、様式の再生産をいかに合理的に実現できるよう秩序づけるか、というテーマであり、古代の対自然的な対処の工夫から大きく離れたテーマに到達したものでした。

＊

一般に、歴史的な建築技術書は、上記のように建築形式、様式が固定する段階を踏むことではじめて成立することになります。ヴィトルヴィウスの著書は、紀元前30年頃の古代ローマ時代、ギリシア神殿がすでに細部にわたって建築形式、様式が固定的な段階にあったことで、建築の造営法（内容は建築ばかりではありませんが）を文章を以て表現することが可能でした [図11]。

同様の経緯は、近世に至って数多く編纂された日本の木割書にも当てはまります。建築の細部形式や相互の位置関係が固定しつつある時代であったからこそ、木割書は体系化することも文章を以て記すことも可能だったわけです [図12]。建築計画、設計の過程が技術書として整理され文書化される過程は、様式や形式ばかりかその造営の過程をも定式化させようとし、また、技術書自体も（江戸時代後期に）書籍として出版されるなど、社会的性格を帯びていきました。

＊

これらの事情は、たとえば古代インドの建築技術書である『マーナサーラ』が示唆するインド建築の様相にも当てはまることと思えます。原型は遅くとも10世紀までさかのぼるともいわれる技術書ですが、貝葉に記されたインド文献によくみられるように、

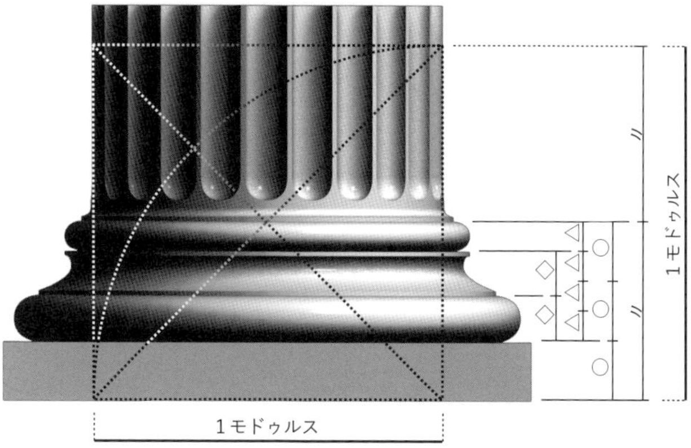

［図11］ ヴィトルヴィウス・アッティカ柱基

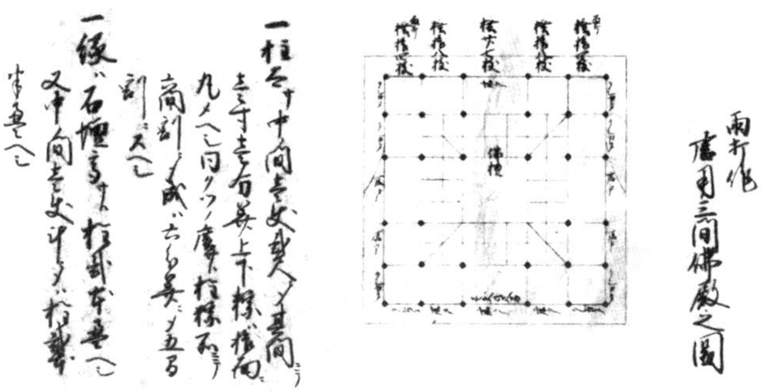

雨打作
唐用三間仏殿之図

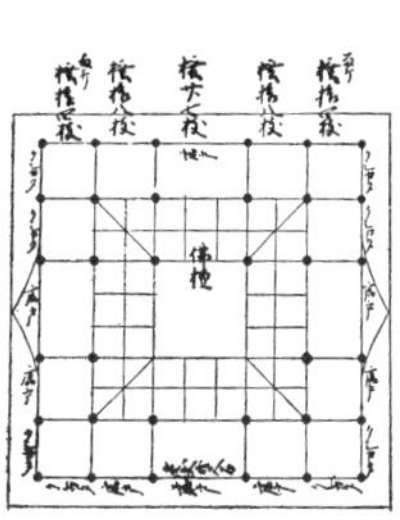

一、柱太サ中ノ間壱丈弐尺ニメ、其間ニテ壱寸壱分算。上下粽（チマキ）ハ拾面ニ丸メヘシ。同クツノ広サハ柱粽所ニテ六間（マ）割ニメ。成ハ六分算ニメ、五間（マ）割ニスヘシ。

一、縁ハ石壇。高サハ柱弐本畳（タタム）ヘシ。又中ノ間壱丈斗（バカリ）ニメハ柱弐本半畳ヘシ。

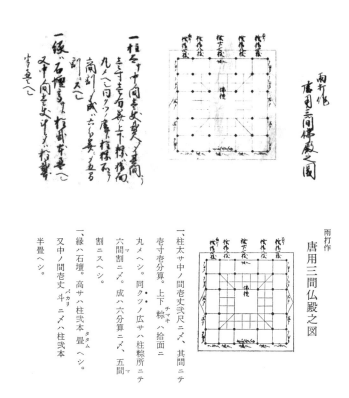

［図12］ 『匠明・堂記集』「雨打作 唐用三間佛殿之圖」（冒頭）

後代に多くの記述（頁）が加えられた可能性があります。内容はよく整った都市や神殿の形式、宗教、宗派の相違による仏像や神像のつくり方など多岐にわたるものですが、建築形式、様式そしてその構築技法などを含め、すでにある程度定式化が進んでいたであろうことを、各所の記述から知ることができます。

　また、中国宋代に皇帝の下命で編纂された『営造法式』では、この編纂事業が建築形式の等級分けや形式の整理を促す契機になったように思われますが、編纂が可能であった背景には、形式や様式の固定化、細部の整理などを可能にする十分な準備がなされていたと考えられます。これらの背景があってはじめて、勅命に応えて編纂することが可能であったのだと思われます。

＊

　西欧中世の教会堂建築では、12世紀後半のゴシック建築の成立と展開がはじまる頃まで、やはり形式の固定化が進みつつあっても、まだ多様性と工夫の余地が多く残っていたようです。柱と壁と半円アーチの組み合わせを架構の範型として、クリアストーリィを実現しつつ石造ヴォールトを架けるという継続的なテーマは、本文で記したように、ゴシック建築において、六分ヴォールトを経て四分ヴォールトが実現したことで一段落することになりました［図13］。

　しかしこの架構に至るまでは、半円アーチとトンネル・ヴォールトや交差ヴォールトを用いるという制約のもとであっても、その組み合わせにはヴォールトの架け方、柱間の構成、柱の細部意匠などさまざまな方向を向いた、柔軟なアイデアを許容する自由度が残されていました。しかし四分ヴォールトが成立すると、教会堂の架構はこの形式に集約され、西ヨーロッパ全域に広がっていきます。そして、『ヴィラール・ド・オスクールの画帳』などのような一種の技術書を生み出すほど、細部を含めて教会堂の定式化が進みました。

　建築を取り巻くそのような史的変遷を経て、古代建築のシルエットに含まれた本来の対自然的意味は、徐々に自覚されなくなっていきました。完成度の高い建築形式を前にして、その成立の技術的意味を考えなければならない機会など、非常に限られたものであったためでしょう。

＊

　あらためて世界の建築を俯瞰すれば、それぞれのアイデアや工夫は一見して多様なもののようにみえますが、背後に潜む目標は、文明を超えて共有されたテーマ、さまざまな自然の脅威に対処し建築の耐用年限を可能なかぎり伸長させようとするものでした。

　この視点からみれば、日干レンガから焼成レンガへの移行、瓦の発明、木造建築の軒下の工夫や架構の複雑化、木造神殿の石造化など、そしてそれぞれ独立したアイデアのようにみえる数々の細部の工夫等々、一見して多様で異質、相互に無関係ともみえる世界各地の建築への工夫とその変遷、発達が、たしかに共通の目標へ向けてたどった筋道であったことがわかります。

　このような世界の古代建築への俯瞰を出発点として建築の変遷を大局的に整理すれば、

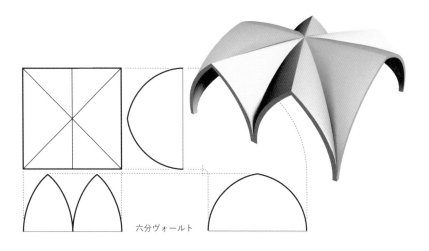

六分ヴォールト

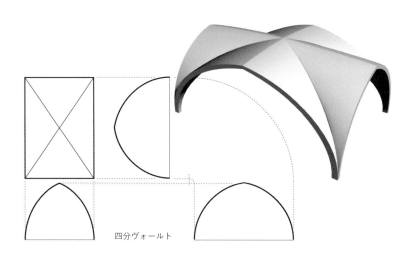

四分ヴォールト

［図13］　六分ヴォールトと四分ヴォールト

1）自然に対処しようとする施設にはじまり、社会的性格が付与されて建築が誕生した古代。

2）社会性のもとで対自然の残された課題を解決し、建築の定式化を進めていった中世。

3）社会性を意識し、定式化された建築の生産性を最大のテーマとした近世（西欧では中世後期、およそルネサンス以後）。

という3つの段階に区分できると思います。

＊

私たちはこの経緯の最終地点に立って、対自然の工夫に対し、やや無自覚な視点で古代建築をみています。そのような視点からみえる風景は、たとえば様式という概念でひと括りにとらえてしまうことで、どのように美しい建築であっても、そのシルエットが持つ構築物としての意味を見出すことが難しくなった風景です。

そのような風景のなかから、古代建築の対自然的な対処、工夫、そのアイデアの内容などを少しでも取り出し、復原的に考えてみるという試みは、建築の原点を見直すことに通ずるものだと思います。そしてこの試みは、建築のシルエットのなかに、古代人の建築的思惟を読み取ろうとする試みであり、建築にとって普遍的なテーマを見出そうとする試みでもあります。

＊

人類の工作物は、いずれも対自然としての性格と、対社会としての性格が重層しています。なかでも建築は、古代以来、それぞれの時代の王権と強く結びつき、近現代においても対社会の性格を強く帯びてきました。冒頭で述べたように、社会的性格は建築にとって非常に重要な相貌のひとつです。このため従来は、対社会の性格がやや一方的に注目され、強調される傾向にありました。

一方、建築の対自然的性格は、建築を実現してきた当体、古代の建築家や中世の工匠たちのテーマであって、社会一般からみた建築の直接的なテーマにはなり得ません。社会一般にとって建築の最も重要なテーマは、もちろん対社会的な位置づけやその意味、美的価値などであって技術の内容ではないからです。

建築の社会性は非常に重要なテーマに違いありません。しかし建築学にとっては、建築の社会性をテーマにすることと同時に、建築の社会性を支えた対自然的な性格をテーマとし、その技術や工夫やデザインについて注視することも、可能なかぎり検討すべき課題です。

本書で扱ってきた自然のなかには、外的脅威としての自然と、建築材料の性質や重力への対処などに代表される建築の内なる自然が含まれていました。内外の自然に建築がどのように対応してきたか、このことが「建築とは何か?」という問いに答えるために避けて通れないテーマのひとつであり、本書が一貫してとりあげてきたテーマでした。

＊

1980年代の中頃から最近まで、南アジアや東南アジアを中心にさまざまな文明の遺跡、遺構に直接触れる機会がありました。これらの機会はおもに実測調査や復原研究、発掘

などの学術調査とともに、解体修復工事にもかかわる機会でした。個々に述べた建築の
さまざまなアイデアや工夫についての解説は、これらの機会のあるごとに、調査作業と
並行して行った観察をもとに考え続けてきた結果にもとづいています。

　とはいえ、私個人が経験し考えることのできた地域には偏りもあり、当然ですが私個
人の能力の限界もあります。考えを整理するうえでもっと適切な遺構や、もっと的確な
見方、とらえ方もあるでしょう。本書を契機として、ぜひ各地の遺跡や建築について、
さまざまな可能性を考えてみていただきたいと思っています。そのような解読の作業を
実際に経験してみることが、結局、歴史から学ぶこと、建築史学を実践することになる
のだと思います。そしてそのような経験が、現代建築への視点や自己の創作へ向かう姿
勢などに、おおいに好ましい、そして深みのある影響を与えるのだと考えています。

＊

　さて、「建築とは何か?」という冒頭の問いを、頭の片隅において本書に目を通してい
ただいた皆さんにとって、この問いかけへの回答はどのようなイメージに結実したでし
ょう?　皆さんがいままでにたどられた経験に、本書の読後の印象が重なってつくられ
たイメージがどのようなものであれ、わずかであっても皆さん一人ひとりの財産になる
ことが筆者の願いです。

索引

建築用語

図版出典・クレジット

＊特記のないものは、溝口明則による（制作・撮影）

Ⅰ　石材、レンガを積む

- 図9　Roland Martin, *Greek Aruchitecture*, Electa/Rizzori, 1988.
- 図11　©Ken Russell Salvador
- 図27・28　日本国政府アンコール遺跡救済チーム（JSA）撮影・制作
- 図39　畑拓撮影
- 図40　©Zhengan
- 図43　辻茂責任編集、新規久男他編集委員『大系世界の美術　第6巻 ローマ美術』学習研究社、1974年
- 図60　JSA制作
- 図68　田中淡（日本建築学会編『東洋建築史図集』彰国社、1995年）
- 図69　Adam Hardy, *The Temple Architecture of India, John Wiley & Sons*, 2007
- 図80　©Antony Stanley
- 図93　アンドレ・コルボ『初期中世』藤本康雄訳、美術出版社、1972 年 / Kenneth John Conant, *Carolingian and Romanesque Architecture 800-1200*, Penguin Books, 1959.
- 図105　©Jacques Rouiller（レーモン・ウルセル『ロマネスク』飯田 喜四郎訳、美術出版社、1967年）

Ⅱ　木材を架ける

- 図2　村沢文雄（日本建築学会編『日本建築史図集　新訂第三版』彰 国社、2011年）
- 図10左　『鹿児島県埋蔵文化財発掘調査報告書（34）』鹿児島県教育 委員会、1985年
- 図10右　『伊勢遺跡確認調査報告書Ⅵ』守山市教育委員会、2008年。
- 図12　小野邦彦撮影
- 図17　北京大学考古学研究室編『商周考古学概説』燎原、1989年
- 図47　James Walter Graham, *The Palaces of Crete*, Princeton University Press, 1962
- 図52　Mark Wilson Jones, *Origins of Classical Architecture*, Yale Univerisity Press, 2014
- 図62　大津忠彦・常木晃・西秋良宏『西アジアの考古学』同成社、 1997年
- 図64下　Friedrich Sarre, Ernst Herzfeld, *Iranische Felsreliefs*, Verlegt bei Ernst Wasmuht A.-G., Berlin, 1910.
- 図67　楊鴻勳『建築考古学論文集』文物出版社、1987年
- 図71　建築科学研究員建築史編委員会『中国古代建築史』中国建築 工業出版社、1984年
- 図72　兪偉超・蒋英炬『中国画像石全集』山東美術出版社、2000年
- 図75　〈中国建築史〉編写組『中国建築史』中国建築工芸出版社、1998 年
- 図124　©T. Kaminaka

終章

- 図9　Mark Wilson Jones, *Origins of Classical Architecture*, Yale Univerisity Press, 2014
- 図12　『匠明』東京大学所蔵（太田博太郎監修、伊藤要太郎校訂『匠 明＋匠明五巻考』鹿島出版会、1971年）

おわりに

建築学は総合の学問です。エンジニアリングからデザインまで、そしてプランニングのさまざまな判断の背景を担う「素養」に至るまで、輪郭を描ききれないほどの総合性を持った分野です。建築を志したみなさんも、学ぶ内容が広範囲にわたることに戸惑った方も多いかと思います。建築学は専門分野が細分化しており、建築教育はさまざまな分野の教員が分担するカリキュラムで組み立てられています。したがって総合学としての建築学のありようは、そのカリキュラムを学ぶみなさん一人ひとりのなかで育まれることになります。

しかし、専門に分かれた建築学にもやや例外的な分野があります。それが建築史学という分野だと私は考えています。この分野は他の専門性とは異なる区分、過去の建築を研究対象とするという区分です。過去の建築をまるごと対象にするのですから、このなかには構造学も材料学も、環境学や設計計画、美学的な様式の世界まで含まれています。そして過去にさかのぼって研究を進めるためには、古文書や碑文の読解力、考古学の知識などが求められることもあります。これは、建築学が総合の学問であるうえ、建築史学が文献研究やフィールドの調査研究をともなう分野であり、ここでも総合的知識が求められるためです。

建築史学という分野の意義は、過去の建築から学ぶ道を切り開くことにあると考えていますが、過去から学ぶことのできる内容は、当然のことですが多岐にわたり、さまざまな分野に跨る総合学の性格を持つわけです。

*

物理学が科学として発達し力学が重要な手がかりになる以前の建築造営では、堅牢な建築をつくろうとすれば過去の成功例や失敗例から経験的に学ぶ以外に有力な方法はなく、デザインについても、過去のデザインを参考に、少しずつその時代の要求に応えようとしました。そして近代以前は、現代のように技術とデザインとを分けて考えるという視点も明確ではありませんでした。技術とデザインは一体で不可分なものでしたが、近代になって携わる職能が分化していったことで区分する必要が生じたもので

す。そのため過去の建築を、技術とデザインを区分した視点でとらえようとすると、ときに潜在する意図を曲解してしまうこともあります。本書では、技術とデザインは不可分なものだった、という視点で考察を進めました。技術的なことを指摘したなかにはデザインが含まれ、デザインを問題にしている内容には技術も含まれる、と受け止めていただきたいと思っています。

*

過去に学ぶ最も鮮明な例は、古代ローマの遺構から学ぼうとした15世紀以後のルネサンスの建築家たちでしょう。これは、紀元前30年頃の古代ローマの建築家ヴィトルヴィウスの著作が伝わったことにも起因しますが、ルネサンス初期には遺構を実測して古代ローマの「オーダー」を「復原」するなど、1000年を超える時を隔てた古代からいろいろなことを学ぼうと試みました。

しかし同様の事態は、ほんの少し前の時代から学ぶ場面やはるか古代や中世に学ぶ場合など、どの世界にもどの時代にも常にあったことです。そして多くの場合、このような過程が記録などに残されることはまれなことでした。つまり、近代以前の建築は、それぞれに個性があり意欲的なデザインがみられますが、そうであっても過去の事例から学びながらつくられたものばかりです。この過程を凝縮していえば、建築の歴史は「建築の歴史から学ぶ歴史」であったということです。

では現代において、過去からいったい何を学ぶのか。この設問は、みなさん一人ひとりの建築的関心にかかわることで、本人以外に答えを知る人間はおりません。とはいえ、過去の建築から学ぼうとすれば、過去に分け入る手がかりが必要です。地図なしに分け入れば迷うばかりで成果は望めません。建築史学は地図を提供することを目的とした学問というわけではありませんが、みなさんにとっては地図を提供し、過去の建築を考えるためのガイドラインを提供するものと受け止めていただければよいと思っています。

*

近代の一時期、米国の建築界は、過去の建築から

学ぶことに意義を見出せず、過去の建築を学ぶカリキュラムを捨てようとしたことがあります。

建築史学という学問分野は、明治時代に伊東忠太博士が創設したもので、欧米にはぴたりと該当する学問分野がありません。米国の建築学のカリキュラムは、ヨーロッパの王立建築学校などで行われた過去の建築様式（古典主義様式など）を学ぶカリキュラムの延長にありました。ここで実践された教育は、古典古代の神殿やルネサンスの作品などの詳細図をトレースするような、過去の優れた作品の造形を学ぶ課程で、特定の様式に精通することが求められました。

過去に学ぶことがこのように限定されていれば、一時期の米国の建築学教育がこのカリキュラムを排除しようとした姿勢は理解できないこともありません。近代の自由度の高い建築デザイン、新しい造形を追求しようとする精神にとって、古典主義様式に精通することなど、かえって発想を束縛しかねないと考えたためでしょう。しかし厳密にいえば、これは過去の建築のごく一部、限定された造形を学ぶことに対する批判にすぎず、日本の建築史学が受けるべき批判ではありません。しかしそれでも、現在の建築に携わる人びとのなかには、建築史学の存在意義をうまく受け止められない人たちがいます。とはいえこのことは、歴史から何かを学ぶという経験を、自覚したことがないことを表明しているにすぎないのだと思います。

建築学に歴史の分野が存在する理由は建築の歴史が過去から学ぶ歴史であったためで、これは、現代の建築学にとっても原理的に変わらないと思っています。新しい可能性は、過去を学ぶだけでは追求できないでしょうが、過去には可能性を広げる大きな手がかりがあるのだと思われます。

＊

20世紀の初頭頃には、ゴシック建築の内観がかつてのドイツの黒い森のイメージからつくられた、とするよく知られた議論がありました。また比較的最近では、ゴシック建築の各所にみられる三角形が「聖三位一体」に由来するという説もありました。一方、本文で触れたように、クメール建築のバプー

オンの伽藍が「須弥山世界」を表したものだと記す碑文が発見されており、さらに、インドネシアの住居にみられる切妻屋根は、「船」を模したものだと信じられてきました。

これらの議論に共通する特徴は、建築の造形を説明しようとして建築の外の世界に手がかりを求めている点です。なぜ時代を超えてこのような解説が現れるのでしょう。この理由は、建築造形が抽象的であるため、何かの具象に結びつけることで建築造形の特徴が把握できそうに思われるためでしょう。

クメール建築のプラサート（中央祠堂）が塔状である理由は、レンガや石材の迫出し構法を用いたためで、その姿が「須弥山」のようにみえたとしても、建築固有の問題、恒久的な材料であるレンガや石材で至聖所を覆うことをめざした結果であることは本文で述べました。

また、インドネシアに限らず多雨な気候のもとで造営された木造の切妻屋根は、雨に晒される妻壁を保護するため、頂部に上るほど大きく延びた傍軒を工夫し、場合によって棟持柱を施設したことはほぼ必然的な事態でした。文化によっては、その姿が船を連想させ、そのことがより船らしい造形へと進むことになった可能性は、たしかにあり得るでしょう。しかしまず、雨水から妻壁を保護しようとした工夫こそ、造形に決定的な影響を与えた建築固有の問題でした。そしてクメール建築のプラサートは、須弥山に見立てられたにもかかわらず、10世紀頃の『プラーナ文献』に描写された須弥山とは似ても似つかないシルエットを守りつつ、その造形美を追求し続けたようにみえます。

ロマネスクからゴシックへの教会堂の発展を冷静にみれば、ドイツの森のイメージは、造形の原因ではなく結果にすぎないことがわかりますし、「聖三位一体」ももちろん、面白い指摘ですが造形の原理などではなく、解釈者の一方的な思い込みというべき意見でしょう。

建築固有の問題とその解決への意思を真に理解することは、建築を理解するうえでとても重要なことであり、外見的な特徴だけを取りあげて何か別のもので説明づけようとする行為は、結局、建築の変遷

を真に理解しようとする視点からは意味を持ちません。そしてときに混乱や誤解すら招きかねないものです。とはいえ、先の船の例のように、建築を取り巻く社会性が建築へ外から影響を与えることも十分に考慮する必要があるでしょう。

本書は上記のように、巷間に夥しく流布している解説に振り回されることなく、まず、建築固有の問題を通じてその造形が生まれた必然を理解することをめざしたものです。建築史をよく理解するためには、建築が抱えてきた固有の諸問題とその解決への努力を理解することが必要だと考えています。

＊

私たちは、本書を通じて過去の建築作品がどのような架構のアイデアにしたがって制御され、細部にどのような工夫やアイデアが加えられたのか、これらの設問に沿って建築の歴史を考えてきました。これは一種の復原作業でもあります。このように、建築が生成される過程を復原しようとする試みにはもちろん限界があるのですが、往時の構想を復原的にとらえることで、工匠の意図やそこで選択された解決法などを少しでも理解することができれば、過去の建築から学ぶことが格段にリアルな手触りを持つことになると思います。

＊

この著書の相当量の内容は大学で行っていた授業内容に負っています。学部や大学院の講義で比較的広い範囲の建築史の講義を担当してきました。本書はそのうちの初学者向けの講義「建築史概論」の組み立てと大学院の講義内容、大学退任時の最終講義の主旨などを下敷きにしています。

本書の内容の一部は、先に上梓された『古代建築専制王権と世界宗教の時代』（丸善出版、2018年）でも触れていますが、その後の考察を経てあらためて言及しています。また、本書に掲載した3D図版は、講義用のプレゼンテーションや配付資料用に作成したものにもとづいています。

＊

早稲田大学アジア建築研究会は、中川武先生（現在は早稲田大学名誉教授、明治村館長）の提唱で1981年に発足しました。翌年からはじまったセイ

ロン島や南インドの調査を嚆矢として、タイなどで実施された実測調査は筆者にとって貴重な経験になりました。そして1994年以後、日本国政府アンコール遺跡救済チーム（JSA。代表：中川武）のメンバーとして、おもにアンコール地域の寺院遺構を対象とした実測調査や復原調査にかかわり、2007年以後は科研費を得て辺境のクメール寺院遺跡の実測調査、設計技法の復原研究、編年研究などに携わってきました。

これらの調査のたびにかかわることになった多くの後輩たちやJSAの他の専門分野の先生たちとの議論を通じて、建築を考える視点が少しずつ深化できたのでないかと思っています。

今回、授業内容を書籍化する際しては伏見唯氏（伏見編集室）に相談に乗っていただき、本書に掲載した写真の収集については、インドネシア建築を専門とする小野邦彦先生（サイバー大学）や早稲田大学の小岩正樹先生とその研究室のみなさんに尽力していただきました。そして、建築史学を専門とする著者にとって荷の重い問題については、構造力学を専門とされる大塚貴弘先生（名城大学）に、多岐にわたるご教示をいただきました。先入観から抜け出せなかった思い込みなど、筆者の偏った視点をずいぶん矯正していただいたと思います。とはいえ、誤りや考えの不足ついての責任は、当然ですが筆者個人に帰属します。

当初めざした目標と比べると、本書がたどり着くことのできた内容は限られたものです。しかし、長い間抱えていたテーマを、授業内容に沿って組み立ててきた図版とともに本書という形でまとめることができたことは、ひとえに彰国社編集部の神中智子氏のご尽力のおかげです。また、膨大な図版と文章とを対応させるという煩雑なレイアウトの仕事を、デザイナーの水野哲也氏が見事に収めてくださいました。お二人の努力と適切な判断があってはじめて、本書が形ある書籍として実現することになりました。

あらためてみなさんに感謝の意を表します。

2023年8月　筆者

［著者略歴］

溝口明則　みぞぐち・あきのり

1951年生まれ。武蔵工業大学工学部建築学科卒業。早稲田大学大学院理工学研究科博士後期課程中退。工学博士。東京家政学院大学助教授、名城大学教授、早稲田大学客員教授などを歴任。日本国政府アンコール遺跡救済チーム（JSA）副団長。
専門：日本建築史、アジア建築史、建築技術史

主な著書：『古代建築——専制王権と世界宗教の時代』（中川武編、世界 宗教 建築史シリーズ、丸善出版）、『法隆寺建築の設計技術』（鹿島出版会、2014年度日本建築学会賞〈論文〉受賞）、『数と建築——古代建築技術を支えた数の世界』（鹿島出版会）ほか。共著＝『アジアの仏教建築——ブッダの歩いた道には蓮の花が咲く』（中川武編著、世界 宗教 建築史シリーズ、丸善出版）、『世界建築史ノート』（中川武編、東京大学出版会）、『世界建築史15講』（「世界建築史15講」編集委員会編、彰国社）、『プレア・ヴィヘア——アンコール広域拠点遺跡群の建築学的研究2』（共同監修、中央公論美術出版）、『コー・ケーとベン・メアレア——アンコール広域拠点遺跡群の建築学的研究』（共同監修、中央公論美術出版）『コンパクト版建築史——日本・西洋』（「建築史」編集委員会編著、彰国社）、『世界宗教建築事典』（中川武監修、東京堂出版）ほか。

図解　建築の技術と意匠の歴史

2023年10月10日　第1版　発　行

著　者	溝　口　明　則	
発行者	下　出　雅　徳	
発行所	株式会社　彰　国　社	

162-0067　東京都新宿区富久町8-21
電　話　03-3359-3231（大代表）
振替口座　00160-2-173401

著作権者との協定により検印省略

自然科学書協会会員
工学書協会会員

Printed in Japan

© 溝口明則　2023年
印刷：壮光舎印刷　製本：中尾製本

ISBN 978-4-395-32197-1　C3052　　https://www.shokokusha.co.jp